家族のかたち

その歴史と機能

大原良通
Ohara Yoshimichi

神戸学院大学出版会

目次

父の死……5
家族をどのように見てきたのか……19
夫婦の起源……27
家族の原型……36
猿と私たち……40
日本人の由来……59
縄文時代の家族のかたち……65
弥生時代の家族のかたち……72
古墳時代の家族のかたち……82
言葉や文字からわかる家族のかたち……87
古代日本の親族名称……107
中国雲南省における家族のかたち……113

古代日本の家族のかたち …… 127
結婚 …… 142
一妻多夫婚と母系制 …… 155
戸籍と私たち …… 180
これからの家族 …… 200
【注】 …… 210
あとがき …… 226

父の死

令和元（二〇一九）年六月七日金曜日、午後四時過ぎ、穏やかに晴れた日でした。四時間目が始まる前で、二百人ほど入る教室の教壇に設置してある機器類に自分のタブレットを接続して、画像の映写の準備をしていました。画像自身は手元のスマートフォンで操作するために、授業が始まる寸前に病院から何度も電話があったことはわかっていました。授業が始まる直前だったので出る暇もなく、そのまま授業を始めました。授業が終わるとすぐに折り返し電話をすると、主治医から父が亡くなったことを告げられました。「生き切ったという雰囲気で、息を引き取られました。」と、主治医から最後の様子を聞きました。父の名前は上井《うわい》久義といい、日本古代史と民俗学の研究者です。そして、死ぬ直前まで、歴史の根底に流れるものは何か、家族のすがたとは何かについて考え続けた人です。

葬儀屋の手配はすぐに済み、葬儀も内々でおこないました。いわゆる家族葬です。母と、私と妻と息子、姉と姉の連れ合いです。私、そして父にとってはこの六人が家族といえるでしょう。さて、家族にとってはそこからが大変で、死亡及び相続手続きをするためにはさまざまな書類が必要でした。

父の銀行口座にあるお金を相続するためには、通帳等と共に父の出生から死亡までの戸籍謄本が必要となります。しかし、私は仕事があるためなかなか役所に行くことはできず、私の妻が代理で手続きをするのですが、父の直系である私の委任状がなければその手続きができません。晩年の父は施設に入っていたとはいえ、その二年ほど前まで同じ家に住み、私の妻の作った食事を共に食べ、家族として暮らしていたにも拘らずです。つまり、普段、家族として暮らしていても、そこには何か壁のようなものがあるのです。私と父との間には壁がなく、私たちの感情とは別に、私の妻と私の父の間には大きな壁があり、その壁は私の委任状なしには越えられないのです。

妻は毎日のように役所に通い、私と妻は父の出生から、死亡までの経歴を知ることになるのですが、それは、父だけではなく、上井《うわい》家という一つの「氏」の来歴をたどる旅ともなったのです。

○　戸籍

父が母と結婚し戸籍を尼崎で作成していたために、父の生涯をたどる旅は尼崎から始まりました。尼崎には昭和四十八（一九七三）年に転籍しており、それ以前の戸籍は大阪にあります。そこで、今度は、大阪の役所でそれ以前の戸籍謄本を発行してもらいました。

こうして、私たちは父の経歴を、もっと言うと父からたどれる上井家の経歴を知ることになります。

父の祖父、つまり私の曽祖父から戸籍の旅は始まります。曽祖父は鹿児島から福岡に移り住み、明治三十一

（一八九八）年に結婚した後、大正四（一九一五）年に分家しました。曽祖父はその父、私から見て高祖父から分家したのではありません。曽祖父の叔父から分家しています。おそらく、何かの理由で曽祖父の叔父が家督を継いで戸主となり、そこから分家して独立した戸籍を持ったようです。実は、この曽祖父の兄たち三人は、明治十（一八七七）年に西南の役で田原坂において死亡しており、五男である曽祖父は、当時まだ八、九歳だったために生き延びることができたのです。曽祖父の分家と同時に曽祖父の子どもたちも籍が移されます。昭和二（一九二七）年に福岡より大阪に転籍し、曽祖父の戸籍が大阪で作成されます。そして、昭和七（一九三二）年に父久義が生まれます。父の名前が最初に記された戸籍はこの曽祖父が本籍を大阪に移したときのもので、曽祖父の孫として記載されています。この戸籍には、曽祖父と彼の妻、次男、三男（祖父）、四男、次女、次男の妻、次男の長女、三男（祖父）の妻、三男（祖父）の長男（久義）、三男（祖父）の二人目の妻、三男（祖父）の長女の合計十二人が記載されています。

曽祖父が昭和十四（一九三九）年に死亡するとその家督は祖父の兄（曽祖父の次男）が受け継ぎ、曽祖父の戸籍は抹消され、久義はその祖父の兄の戸籍に甥として記録されます。この次男の戸籍には、次男、次男の母、次男の長女、三男（祖父）、三男の妻、四男、三男の息子（久義）、次男の二人目の妻、次男の次女、四男の妻、四男の長女、三男（祖父）の次男、四男の次女、次男の三女、次男の三番目の妻、次男の長男、次男の四女の合計十七人が記載されています。

❖父の死

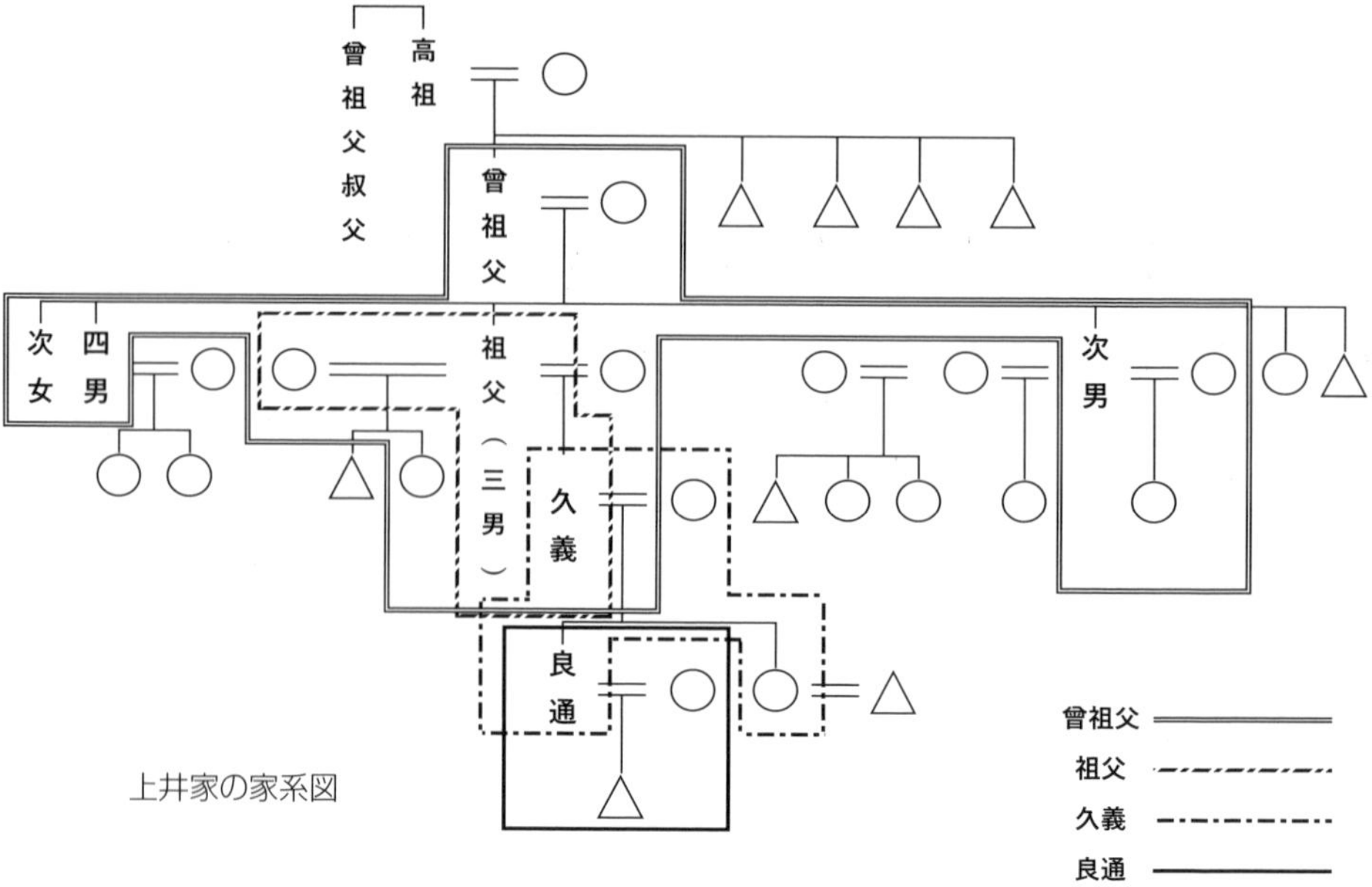

上井家の家系図

　昭和三十二（一九五七）年法務省令第二十七号により昭和三十三（一九五八）年に曽祖父の三男であり、戸主の弟である私の祖父を筆頭とする戸籍が作成され、その長男として父が記録されます。父自身の戸籍は私の母との婚姻により、昭和三十四（一九五九）年に作られます。続いて、昭和四十八（一九七三）年に兵庫県の尼崎市に転出届を出したため、この時点で大阪の本籍は除籍となります。この戸籍には私の名前が長男上井良通として初めて記されています。日本では「戸」というのを大事にしてきました。「戸」には戸主がいてそのイエ[1]を代表する人物です。

　戸主制度は、昭和二十二（一九四七）年に廃止されて戸主という名称はなくなりましたが、戸籍筆頭人はいます。

　戸籍法「第二章　戸籍簿　第六条[2]」では、

　　第六条　戸籍は、市町村の区域内に本籍を定める一の夫婦及びこれと氏を同じくする子ごとに、これを編製する。ただし、日本人でない者（以下「外国人」と言う。）と婚姻をした者又は配偶者がない者について新たに戸籍を編製するときは、その者及びこれと氏を同じくする子ごとに、これを編製する。

とあります。つまり、夫婦とその未婚の子どもで一つの戸籍が作られます。曽祖父の戸籍に十二人、祖父の兄の戸籍に十七人が記載されていたことを考えると、簡略化されると同時に、細分化されたことになります。さらに、

第九条　戸籍は、その筆頭に記載した者の氏名及び本籍でこれを表示する。その者が戸籍から除かれた後も、同様である。

とあって、戸籍の一番最初に書かれた人が戸籍筆頭者となり、戸籍の表題となります。記載内容については、

第三章　戸籍の記載
第十三条　戸籍には、本籍の外、戸籍内の各人について、左の事項を記載しなければならない。
一　氏名

二　出生の年月日
三　戸籍に入つた原因及び年月日
四　実父母の氏名及び実父母との続柄
五　養子であるときは、養親の氏名及び養親との続柄
六　夫婦については、夫又は妻である旨
七　他の戸籍から入つた者については、その戸籍の表示
八　その他法務省令で定める事項

とあり、その順序は、

第十四条　氏名を記載するには、左の順序による。
第一　夫婦が、夫の氏を称するときは夫、妻の氏を称するときは妻
第二　配偶者
第三　子
②　子の間では、出生の前後による。

③　戸籍を編製した後にその戸籍に入るべき原因が生じた者については、戸籍の末尾にこれを記載する。

つまり、氏（苗字）が大事で、新たに戸籍が作られるときは、氏を持っていた人が筆頭になります。ちょっとややこしいかもしれませんが、たとえば、私の名前を例にとると、私の氏は大原です。ですので、結婚して私（男性）の妻が私の氏を名乗る場合は、私が戸籍筆頭者になり、新たに戸籍が作られます（第六条）。もし、私が妻の氏を名乗る場合（いわゆる入婿が想定されます）は、妻が戸籍筆頭者となります。つづけて、

第十六条　婚姻の届出があつたときは、夫婦について新戸籍を編製する。但し、夫婦が、夫の氏を称する場合に夫、妻の氏を称する場合に妻が戸籍の筆頭に記載した者であるときは、この限りでない。

②　前項但書の場合には、夫の氏を称する妻は、夫の戸籍に入り、妻の氏を称する夫は、妻の戸籍に入る。

③　日本人と外国人との婚姻の届出があつたときは、その日本人について新戸籍を編製する。ただし、その者が戸籍の筆頭に記載した者であるときは、この限りでない。

結婚するとその夫婦は新たに戸籍を作ることになります。そして氏を変えない方が筆頭者となります。ただし、すでにどちらかが戸籍の筆頭者で、その戸籍に入る場合は、新たな戸籍を作る必要はありません。

❖父の死

第十八条　父母の氏を称する子は、父母の戸籍に入る。
②　前項の場合を除く外、父の氏を称する子は、父の戸籍に入り、母の氏を称する子は、母の戸籍に入る。
③　養子は、養親の戸籍に入る。

これらをまとめると、戸籍にはその氏を代表する人間が筆頭者になると理解してもいいでしょう。ですので、私は最初、両親の戸籍、それも父の戸籍の四番目に名前が記されていました。一番目は筆頭者である父で、二番目が母で、三番目が姉です。これで、国が家族というものをどう規定しているかがわかります。戦前の家族は、家督を継いだ一人の男性と、その男性に連なる人々を一つの家族と考えていました。十二人や十七人で同じ屋根の下に住んでいたとは思われませんが、それでも国はそれを一つの家族だと認識していたのです。戦後になると、一組の男女とその子どもたちです。私が結婚したときには、私を筆頭者にする新たな戸籍が作られました。

こうしてみると、戦後の戸籍は、居住と生計を共にしているイエをそのままあらわしているように見えますが、これとは別に、世帯があります。世帯というのは住民票の表記で、世帯の代表者は世帯主です。戸籍筆頭者は氏＝家の代表者で、世帯主は、家＝家計の代表者ともいうべきでしょうか。私たちは「戸籍」によって国から、世帯ごとに作られている「住民基本台帳」によって地方自治体から管理されています。

これが一般的かどうかは別として、私と私の父を中心とした家族のかたちが、父の戸籍をたどることによっ

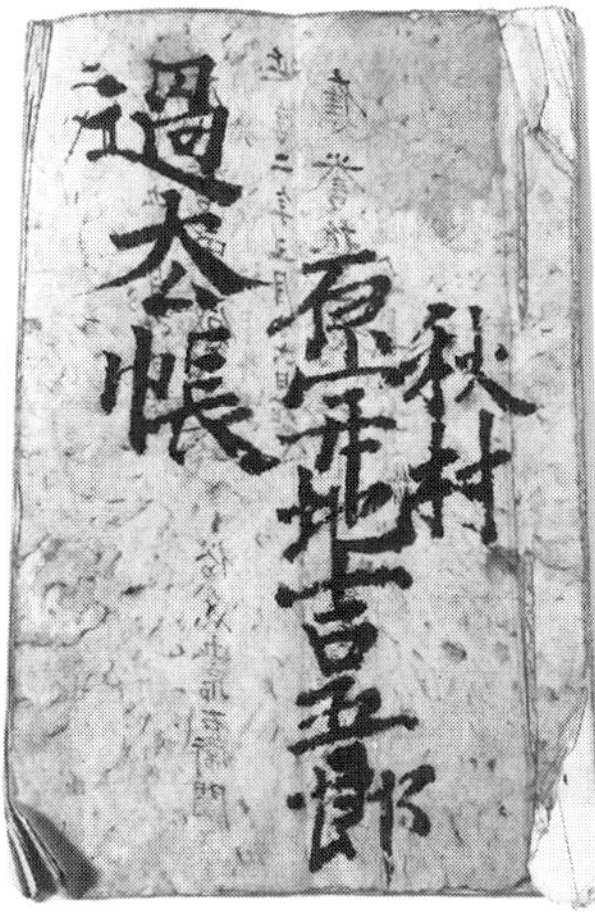

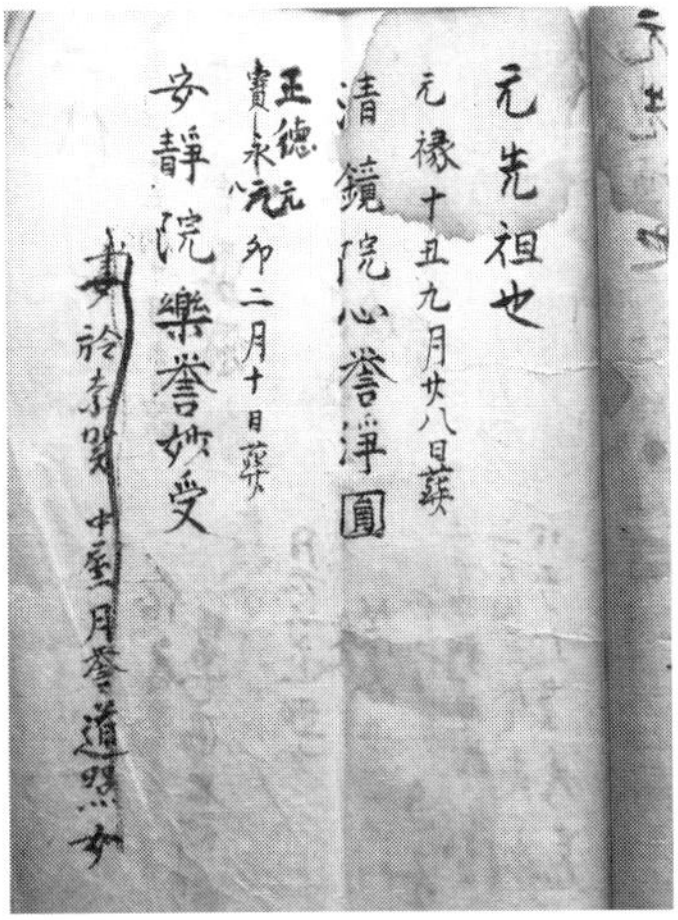

て見えてきたのではないでしょうか。男性戸主を中心に、家督を受け継いでいくという姿です。

○ 過去帳

私の母の祖先については過去帳によって知ることができます。過去帳には私の祖先の死亡年月日が書かれています。普通はお寺に保管されていますが、私の祖父であり養父である十代目が昭和四十四（一九六九）年に大原家の故郷といわれている山口県大島の菩提寺などを訪ねて作成したものが、わが家の仏壇に保管されています。私は母の両親のところに養子に入って大原姓を名乗っていますので、大原家の過去帳を見ることができますし、私の家には大原家の位牌の並んだ仏壇が据えられています。では、過去帳からどんなことがわかるのでしょう。

過去帳には、死亡年と戒名、死亡年齢などが書かれています。初代は、元禄十（一六九七）年に死亡しており、戒名はわかりますが、死亡年齢、氏名ともにわかりません。初代の妻は、正徳元（一七一一）年に死亡しており、やはり死亡年齢、氏名ともにわかりません。二代目からは名前が、四代目からは死亡年齢が書かれています。

そして、過去帳からは、大原家の一代目から私の祖父に至る十代目までの系譜をたどることができます。もちろんこの過去帳にはそれぞれの妻を含めたもう少し広い範囲の人々のことが記されています。また、祖先は平家の侍大将だったことや、家紋の由来なども書かれています。

この過去帳をもう少し詳しく見ていくと、大原家はその家を守るためにさまざまな工夫をしていることがわかります。まず一つ目は六代目の妻のところに八代目の母とあります。これは七代目とその妻との間に子どもが生まれなかったために、七代目の弟が八代目として家督を継いだのです。したがって、六代目の妻の子どもの兄の方が七代目となり、続けて弟の方が八代目として、兄弟で相続をしたことになります。

次に、八代目には男の子が生まれなかったようで、八代目の長女に入婿を迎え、九代目とします。八代目の長女とこの入婿の

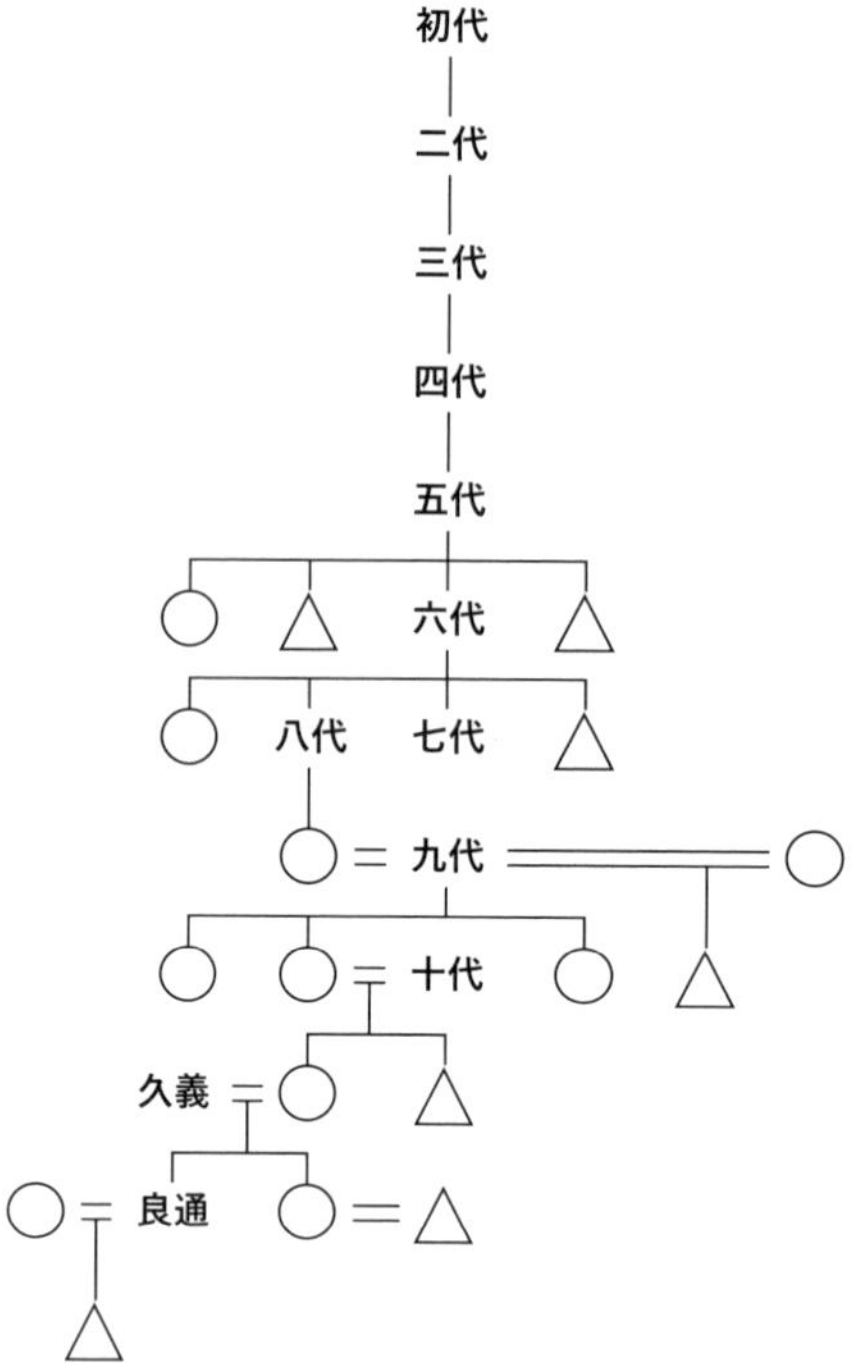

大原家の家系図

間にも男の子が生まれず、娘が三人生まれます。長女は二歳で、三女は四歳で死亡します。残った次女が、私の祖母です。次女（私の祖母）の母親は明治三十八（一九〇五）年、祖母が七歳の時に死亡します。入婿の九代目は妻が死亡してから、あまり時をおかずに後妻を迎えます。前妻が死亡してすぐに後妻を迎えたことがわかるのは、長男が明治四十二（一九〇九）年に二歳で死亡していることからです。私の祖母（九代目の娘）は実父とその後妻に育てられますが、二十三歳の時、大正十（一九二一）年に父（九代目）が亡くなります。

私の母は昭和六（一九三一）年生まれで、その兄で私の叔父にあたる人物は大正十三（一九二四）年生まれですから、私の祖母は、彼女の父の死後、私の祖父と結婚するまでの間は九代目の後妻によって育てられていたようです。

さらに、私の祖母は、入婿を迎えます。大原家に入婿となった私の祖父の話ではこの頃大原家は困窮しており、祖父が入婿として入ることで家が保たれたということでした。祖父と祖母の間には一男一女が生まれますが、長男は戦地で病死しましたので、結局、大原家の跡を継ぐのは私の母一人となります。そこで、このままでは大原家を継ぐ人間がいなくなるということで、母が父と結婚する時には、子どもが二人生まれたら一人を大原家に養子に出す、という条件がつけられたそうです。

上井家・大原家と私の家族を例に、家族とは何なのか、家族のかたちとはどんなものなのかということを考えたいと思います。

❖ 父の死

上井家で見たように、国家は戸籍によって家族を把握しようとします。その目的は税と兵や国家のために労働力となる男性を徴収することです。したがって、家計を共有している人々を一つの戸籍に登録して、それを一つの戸という単位にまとめました。ですから、実際に同じ家に住んでいるかどうかは別問題で、助け合う一つの家族に兵隊として召集できる男性がどれだけおり、どれくらいの収入があるのかというのが問題なのです。それに対して、過去帳の内容は、大原家という家がどのような来歴を持ち、同じ寺の同じ墓域に誰が眠っているのかが記録されています。

こうしてみると、上井家は戸籍から、国家の下部組織としてどのような家族を営んできたのかがわかり、大原家は過去帳で、家系を中心として氏がどのように伝えられてきたのかを示しているのです。

同じイエというものを記録していますが、その目的によって捉え方に大きな違いがあるのです。

今まではこうした文字に書かれた記録によってしか、自分や自分の家族の過去の姿を知ることができませんでした。ところが、最近では骨の特徴や遺伝子を分析することで、私たちが過去にどのような発展をしてきたのかが具体的にわかるようになったのです。

そこで、先ほどの二つのイエのあり方をこうした資料を加味して考えるならば、一つは自己の遺伝子を残すための家族と、国家を維持するための家族という二つのかたちを持っていることになります。上井家は男性の遺伝子をしっかり残してきていることが戸籍からわかります、しかし、大原家は遺伝子ではなく大原という名前、つまり氏を守ることに主眼を置いており、初代の遺伝子は私のところに繋がっていません。

上井家は自己の遺伝子を守るために作られた家族であり、大原家は大原という氏を守るために維持された家族といえるでしょう。もう一ついえることは、たしかに私は大原家の戸籍を守っているわけですが、それは、国家の下部組織としての家族というわけではなさそうです。単純に大原という氏を伝えるために維持された家族です。こうしてみると、家族には第三の家族のかたち、遺伝子を守るためでもなく、国の下部組織として作られたものでもなく、氏を維持するために存在する家族もあるということです。

◯ まとめ

家族には①遺伝子を伝える家族（子孫繁栄）、②戸籍で定められた家族（国家の下部組織としての家族）、③氏を維持するための家族という三つのかたちがみえてきます。

私の家族のかたちを例にとってみたいと思います。私が生まれた時には、両親と姉、そして母の両親が同じ敷地に住んでおり、夕食時には近所に住む父の父、つまり父方の祖父が来ていました。私からみると同じ敷地に住んでいる六人と父方の祖父を合わせて、七人家族です。

母の両親の養子として、大原家に移籍した私は大原家の祖先を祀ることになります。その後、私の祖父（実父の父）が死亡し、母の両親、つまり私の養父母（母方の祖父母）が死亡し、家族は東京で暮らす姉と私の実

❖ 父の死

父母と私となりました。私が結婚すると、初めは私たち夫婦と息子は、同じ敷地の隣の家に暮らしていましたが、その後、現在の住所に引っ越すのに合わせ、一軒の家に同居することになり、実父母と私たち夫婦と息子の五人で暮らしました。その後、実父母は施設に入り、私は現在、妻と息子との三人で暮らしていますが、最近、息子が大学のそばで一人暮らしを始めたので、夫婦二人で暮らしています。父は死亡し、母は施設に入ったままです。

上井家は父親から受け継いだ遺伝子Y染色体を守り、それは私も受け継いでいます。ところが、大原家に移籍したことで、氏として大原を名乗っています。つまり、血筋としては、上井家を受け継ぎ、姓（氏）としては大原家を引き継いでいるのです。これらからどのような家族のかたちが見えてくるのでしょう。氏を受け継ぐ家族、血を受け継ぐ家族。いくつかの夫婦が集まって暮らす家族。夫婦二人で暮らす家族。異なる氏を持った二つの家族が一つ屋根に暮らす家族。家族という認識はあるけれども住んでいるところはバラバラの家族。私個人を例にとってもこれだけの家族のかたちが見えてくるのです。

私は生まれてこのかた、兵庫県から移動したこともありませんし、引っ越しは一度しかしたことはありません。今住んでいるところに引っ越してくるまで四十年以上も同じ住所で暮らしていました。住んでいるところはほとんど変わらないにもかかわらず、私の所属する家族のかたちはこんなにも変化しているのです。一体家族とはどのようなもので、どのようなかたちをしているのでしょうか。

家族をどのように見てきたのか

外敵から身を守るとか、生産性を高めるためなど、複数の人間が一緒に暮らすことがあるかもしれません。また、スポーツクラブの合宿などでは一つのチームが一定期間、同じ屋根の下で暮らすことがあります。ですが、その集団を家族と呼べるでしょうか。親が単身赴任であったり、子どもが親元を離れて一人暮らしをしていたり、高齢の両親が施設に入居していたり、みんなが一つ屋根の下で一緒に暮らしていないにもかかわらず一つの家族だと考えることもあるでしょう。したがって、複数の人間が集団で暮らすということと、家族とは分けて考える必要があります。そのことを念頭に入れて、家族について考えていきましょう。

家族を考えるのに避けては通れない研究がエンゲルスの『家族・私有財産及び国家の起源』[3]です。エンゲルスは「序言」の中で、バッハオーフェン（バコーフェン）の『母権論』から、ヘテリスムス、母権といった社会形態を紹介し、マクレナンの族外婚、族内婚に言及します。

要するにエンゲルスが「序言」で言いたかったのは、『家族・私有財産及び国家の起源』が多くの研究者の研究の上に成り立った理論であり、バッハオーフェンの『母権論』やモルガンの『古代社会』など、信頼できる研究を統合したものだということです。

❖ 家族をどのように見てきたのか

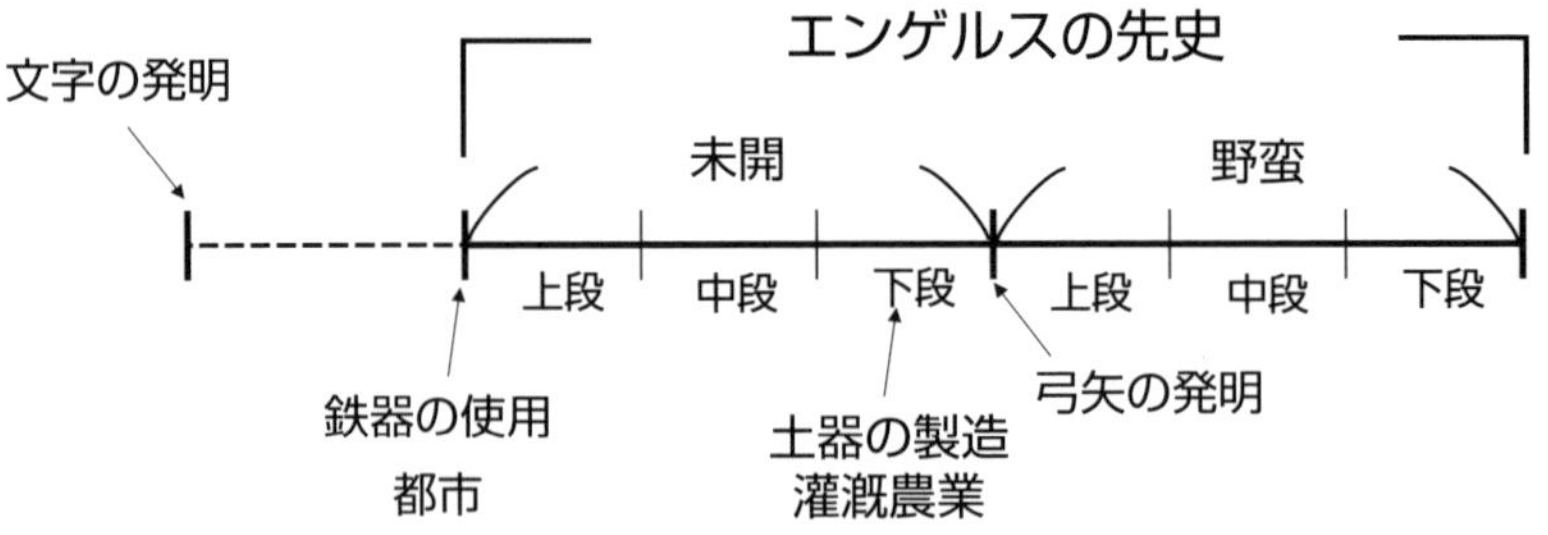

エンゲルスは、モルガンの理論を踏襲し、「第一章　先史時代の文化段階」から始めます。この先史という言葉ですが、これは歴史を研究している私から、少し説明が必要だと思います。

歴史学の世界では時代を有史以前と有史以後の大きく二つに分けます。有史以後というのは文字としての資料が残っている時代のことを指します。つまり、「史」というのは文字で書かれたものを指します。ですから、先史というと、文字資料のない時代という意味で使われることが多いのですが、こうした時代区分も今ではどんどん考え方が変わってきています。

エンゲルスのいう「先史」というのはおそらくこの「有史以前」を指すのでしょうが、内容からしてもう少し古い時代を想定しています。つまり、私たちは道具を発明し農耕や牧畜を始めます。エンゲルスは文字の発明とは関係なく、こうした技術を使ってある程度自然に影響を与えるまでを「先史」と呼んでいます。その先史時代を野蛮と未開に分け、さらにそれらを下段、中段、上段の三つの時代に区分けします。

エンゲルスは時代区分をその生産方法から述べています。最初私たちは自然の中で、猛獣の脅威に晒されながら生きていましたが、言葉や道具、そして火を手に入れることにより、猛獣からの脅威を避け、気候の変化から身を守ることができるようになり、くわえて魚類などを調理して食べられるようになります。

野蛮時代の最後には弓矢の発明によって野獣を捕らえるようになり、狩猟が生計を担うようになります。

未開時代では、土器の製造が始まり、灌漑農業が始まります。また、乳と肉とを供給してくれる家畜を飼い馴らし始めます。

未開時代の最終段階では鉄器の使用、城壁をめぐらせた都市などが見られるというのです。

こうした社会発展過程の中で、家族というものがどのように形成され、発展してきたのかというのを「第二章　家族」で説き、血縁家族・プナルア婚家族・対偶婚家族・単婚家族と進んでいくのだとします。

最初にエンゲルスは、バッハオーフェンの『母権論』を引用します。バッハオーフェンは、人類が最初におこなっていたと考えられる拘束無き性交生活をヘテリスムスと名付けます。拘束無き性交生活をおこなっているので、そうした状態で生まれてくる子どもの唯一信頼できる親は母であり、母はそれ故に高い尊敬が払われたとします。

❖家族をどのように見てきたのか

こうした状況では、母と子どものみに親子関係が確認されるわけです。ということは、父はわからないが、母はわかるということです。近親婚を避けるためには、同じ母親から生まれた子ども＝兄弟姉妹は、性交渉をおこなえません。さらに、母の姉妹の子どもは父親が同じである可能性があるので、性交渉を持てないということです。つまり、父はわからないし、母の兄弟の子どももわからないので、わかるのは母を同じにする兄弟姉妹だけということです。もう一度、説明すると、ある男性がある女性と、またその姉妹と性交渉を持った可能性があるので、同じ母を持つ兄弟姉妹と、母の姉妹の子どもたちは、血縁的に非常に近い関係になってしまう可能性＝同じ父を持つ可能性があり、同世代の中で、彼ら彼女らとは結婚してはならないという考えです。

とにかく、自分の親は母親しかわかりませんし、母親は自分の子どもであることはわかっていますから、母親を中心として家族や親族が成り立っていくというのです。

そこで、女性の家系を中心として氏族社会が形成されていくことになります。

○ 氏族社会

氏族社会は、社会的状態の自然発生的な編成だと考えられており、社会の内部で発生する抗争はおのずと調整が可能で、外部との抗争は戦争という形で調整ができました。部族と部族が衝突すると、片方の部族の根絶はあっても、勝者による敗者の抑圧支配、敗者が勝者に隷属するということは、この段階の社会ではありえなかったと考えます。

つまり、集団は親族集団が基本で、ある集団が自分の親族以外の別の集団を支配するという発想はないわけです。

次に未開社会となりますが、この未開社会を下位段階と中位段階、上位段階の三つに分けて考えます。

○　未開の下位段階

人口密度は部族の居住地を除いて低く、仕事に関しては、男子は戦争、狩猟、漁猟をおこない、女子は家事、衣食の世話、織物や縫い物をするといった性別を基に分かれていた程度です。世帯内においては、多数家族の共産制です。

最初の大きな社会的分業として、他の未開人（初期農耕民や採集狩猟民）より多くの生活手段を生産した遊牧部族が出現します。乳や乳製品、肉や獣皮、また、紡糸や織物技術をもっている点でも彼らは優れていました。財産として家畜が主役を占めるようになると、次第に家畜は他の商品との引き替えに使用されたり、他の商品が家畜によって評価されるようになり、家畜が貨幣の役目を果たすようになったわけです。

米や麦といった農作物は長期保存ができませんが、羊や牛はある程度の条件が揃えば、何年も生きているわけですから、貯蓄ができることになります。

○ 未開の中位段階（搾取者と被搾取者という二つの階級の対峙）

女性の家事労働は影をひそめ、家庭内においても男性の事実上の支配が始まります。

未開の中位段階になると、園圃耕作が畑地耕作の先駆として登場します。耕作地の所有は部族に属していましたが、その占有権は、はじめは氏族、のちに世帯共同体、ついには個人の利用に、というように移っていきます。

この段階の工業的発展は、一つは機械の発明であり、もう一つは鉱石の熔解と金属加工です。特に後者においては、銅と錫、その合金である青銅が製造されました。

牧畜にせよ、農耕にせよ、あるいは家内工業にせよ、生産の増大は労働力の強化を必要とします。これに応えてくれたのが、戦争により生じた捕虜を奴隷に転化することでした。つまり、奴隷制の出現ですが、これは主人と奴隷、言い換えれば搾取者と被搾取者という二つの階級の対峙を意味します。

家事労働を担っていた女性は、家族の面倒を見るという役割を担っているので、家庭内では優位性を保っていました。ところが、男性の生産労働が強化されるにつれ、女性の家事労働は影をひそめ、家庭内においても男性の事実上の支配が始まります。これは、母権制が父権制へ変換されることを意味し、このことは対偶婚（排他的でない緩やかな一夫一婦婚）から単婚への漸次的移行によっても証明されます。ここに、個別家族が氏族に対する脅威となって頭をもたげたのです。

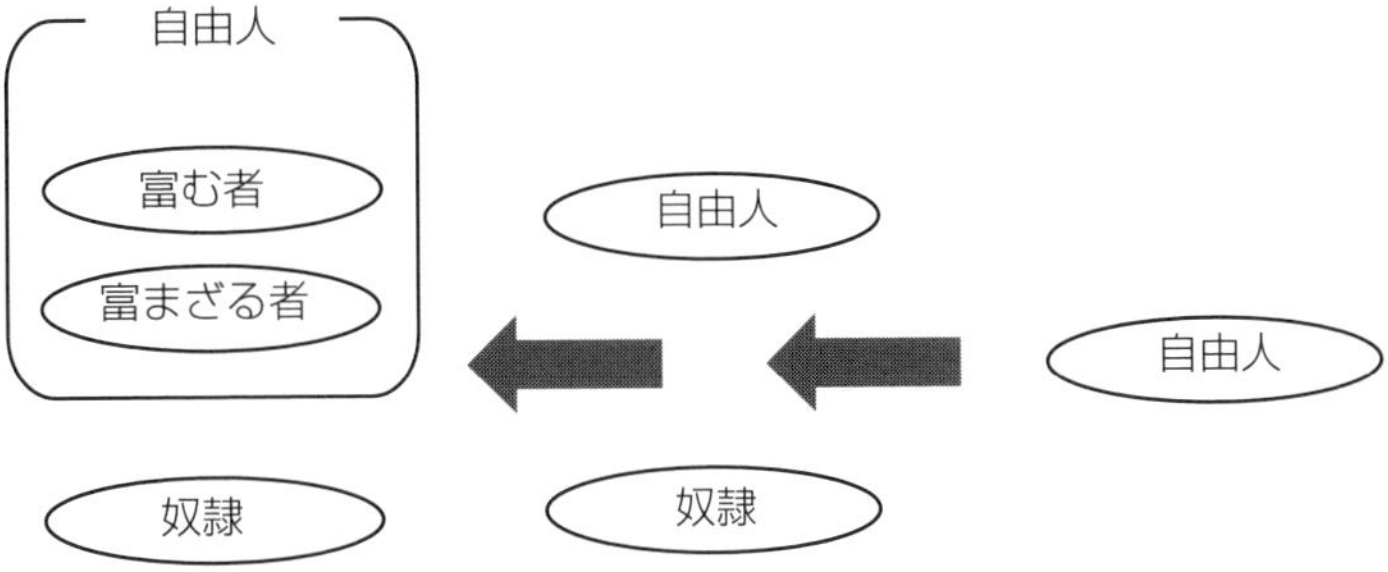

○ 未開の上位段階（鉄製武器と農耕具の時代）

個別家族が社会において経済単位になり始めます。

未開の上位段階は、鉄製武器と農耕具の時代です。鉄製農具は耕作の能率化をすすめ、鉄製工具は、機織りや金属加工をすすめる手工業者に大きな利益をもたらします。ここに、第二の大きな分業、つまり、手工業が農耕から分離することになりました。奴隷も、それまでの単なる補助者から、畑や作業場で組を成して最前線で働く重要な役目をもつようになります。これまでは、自由人と奴隷との区別でしたが、ここにきて、自由人の中にも富む者と富まざる者とに分離してきます。古い共産制的世帯共同体が、それぞれの家族の家長が富を蓄えることにより崩れ出し、耕地も私的財産へと移行しはじめ、個別家族が社会において経済単位になり始めます。

人口増加は、より緊密な結束を必要とし、近隣の諸部族との連合体を生むことになります。この諸部族連合体（諸部族団）は、一人の軍事指導者を必要とし、彼は一方では敵の襲撃から身を守るため高い城壁を築かせ、他方では隣人の富を略奪するために兵を派遣しました。略奪戦争は、最高軍指揮者の力も、彼の側近である部下の力をも増大させ、父権制の台頭と相伴って彼らの職は徐々に世襲制へと移行し始めます。こうして、母権制を基礎にした氏族制度が崩れて、文明の入口へ到達したといいます。

ますます搾取する富者と搾取される貧者に分裂していき、階級間における確執・闘争が発生・永続化します。こうなると「秩序」を保つ権力が必要となります。このように社会の中から社会があらわれ、国家が発生したというのです。

夫婦の起源

「夫婦」という言葉は古く中国の『易経』「序卦伝」[4]に、

天地ありて然る後に万物あり。万物ありて然る後に男女あり。男女ありて然る後に夫婦あり。夫婦ありて然る後に父子あり。父子ありて然る後に君臣あり。君臣ありて然る後に上下あり。上下ありて然る後に礼儀錯《お》くところあり。夫婦の道はもって久しからざるべからざるなり。

と出てきます。中国の思想では、天地としてまず宇宙が存在し、つぎに全てのものが揃い、そして最後に男性と女性という、二種類の人間が陰陽の対象のようにしてできてくるのは、自然なことだったのでしょう。さらにその男性と女性が夫婦となるのも、当然の成り行きとしてとらえられていたに違いないのです。しかし、夫婦の次に存在するのは、母と子ではなくて、父子の関係です。

江守五夫は『結婚の起源と歴史』[5]で、結婚を『旧約聖書』のアダムとイブからはじめ、エンゲルス、バッハオーフェン、モルガンの説へと解説を進めています。バッハオーフェンらが家族について研究をする以前においては、実際、学者たちは、人類のもっとも原始的な段階において、すでに、夫が妻にたいして権力をもち、妻が夫に服従し、子が父に隷属し、子が父から財産を相続していたと考え、それゆえ、このような父権的な家族――つまり、家父長制的な家族――が原始社会の基礎の単位としてすでにその段階から存在していたのだと論じていたのである。

とし、つづけてモルガンが親族名称を根拠として、乱交制から一夫一婦制に至るまでの結婚と家族の発展を明らかにしようとしたことを紹介しています。さらに、モルガンの説が正しいかどうかを検証しつつ、一夫一婦制が定着する以前の性交渉のあり方について、とくに未開社会といわれるものから実例を引き、考証を重ねていきます。結局のところ、結婚の起源とは性交渉を持つ相手をどのように固定するのかという議論に終始してしまい、社会の核としての夫婦とか、制度としての結婚、婚姻というものに議論が進んでいません。夫婦や結婚の機能を生殖からでしか捉えていない点に問題があるように思います。つまり、さまざまな地域の、さまざまな時代から性にまつわる事例を収集し、とりあげ、男女がどのように性的に結ばれていたかを中心に考察しているのです。

江守は「六　原始人の結婚と文明人の結婚――むすびにかえて――」[6]で、

過去を省みることによって現在の状態をより一層明らかにし、未来への展望をもつことを心がけねば、歴史を学ぶ真の意義が失われよう。〝結婚の起源〟を問題とし、原始人の結婚と性のあり方を究明せんとするのも、わたくしたち文明民族の結婚の現状を省み、将来におけるよりよき結婚を求めんとするためであらねばならぬ。

また、

文明時代において、近代ヨーロッパのかなりの国々においても、一夫一婦制とは、男性にとり、重婚ができないということ、つまり複数の女性を同時に正妻としてめとることができないということ、だけを意味していた。妾をかこうことも、娼婦をかこうことも、ときには人妻と交わることも、少なくとも法律上は一夫一婦制の建前をくずすこととはみなされなかった。

とし、原始人の「結婚と性生活が、文明人のそれと根本的に違う点がある。それは、物質によって自分たちの愛情が左右されなかったということである。」と言います。文明人の堕落については、売淫制はいうにおよばず、夫の妻への支配、夫たちの蓄妾、そして姦通等、文明時代における一切の性の堕落は、先にも述べたように、金銭が、富が、人間を支配している結果なのである。

と結論づけるのです。あくまでも、性的交渉と結婚、婚姻を同じものとして扱っているのです。しかし、ヘレン・E・フィッシャーは『結婚の起源』[7]で、それだけでは、現代のような夫婦関係は成り立たないことを見逃していません。さらに一歩進めて、次のように述べています。

つがうという関係は、たんに性的現象という以上の、より複雑な意味を含んでいるのだ。それは、一つの契約であり、互いに義務と責務と責任を持った者どうしの「取りきめ」なのである。

と、婚姻を性的繋がりだけではないとし、

つがうということは、人間の心の奥深くに刻み込まれているのだ。十代の若ものは「自然」につがうことを覚えるし、世界中の若い親たちは、夢中になってつがい関係を維持し、子どもを育てる。つがうという衝撃があまりにも強いので、子どもをつくろうという意思がなくてもつがうし、同性愛者もしばしば同性愛の相手とつがう。「一緒に暮らす」二人もつがう。子どもをつくる時期がとうに過ぎている年配の男女もつがう。

として「つがうという行動は、人間が祖先から受け継いできた他のさまざまな生得的な行動型と似ている」と言うのです。フィッシャーは最後に

きずなを結ぶということはきわめて人間的なことなのである。それは性の契約と共にはるか遠い昔にははじまった。その契約の内容は時代と共に変化していくだろうが、契約を結ぶという本能までもが失われてしまうことはけっしてないだろう。

と締めくくっています。

つがう、夫婦になるということは、社会的な絆によって結ばれた、社会的家族というものを作り上げることでもあるのです。

○ 家族の起源

では、実際には家族の起源はどこまで遡ることができるのでしょう。

一九七五年にメアリー・リーキーという学者がタンザニアで約四百万年前の足跡を見つけました。この足跡は成人の男女と子どもの三人連れが湿った火山灰の上を横切ったものでした。三人は記録を残した最初の家族だろうといわれています。その少し前、一九七四年に、エチオピア北部アファールで、アメリカの人類学者ジョハンソンによって「ルーシー」と名付けられた初期人類の化石（アウストラロピテクス・アファレンシス）が発見されており、人類の歴史は約三百三十万年前までたどれるようになっていました。翌一九七五年には「ルーシー」の仲間としてさらに十三個分のホミニド[8]（ヒト科）の化石が発見され、足跡だけではなく骨の化石としての「最初の家族」と呼ばれています。[9]

どういう形にしろ、それから三百万年以上、私たちは家族という社会を維持して来ました。最初に足跡を残した男女三人連れは、雄と雌とその子どもだと考えられており、家族の原型だと言われています。そして、その特徴は子どもを中心として、三人のＤＮＡが繋がっているということです。

骨の発見された十三人の家族は、おそらく祖父母、夫婦、子どもたちという家族構成を考えるのが普通でしょう。どちらにしろこれらの構成員は、一番若い世代のＤＮＡを通じて結び付けられています。

父と母とにＤＮＡの重なりは無い可能性が高く、母と子どもは必ずＤＮＡに重なりがあります。父と母との

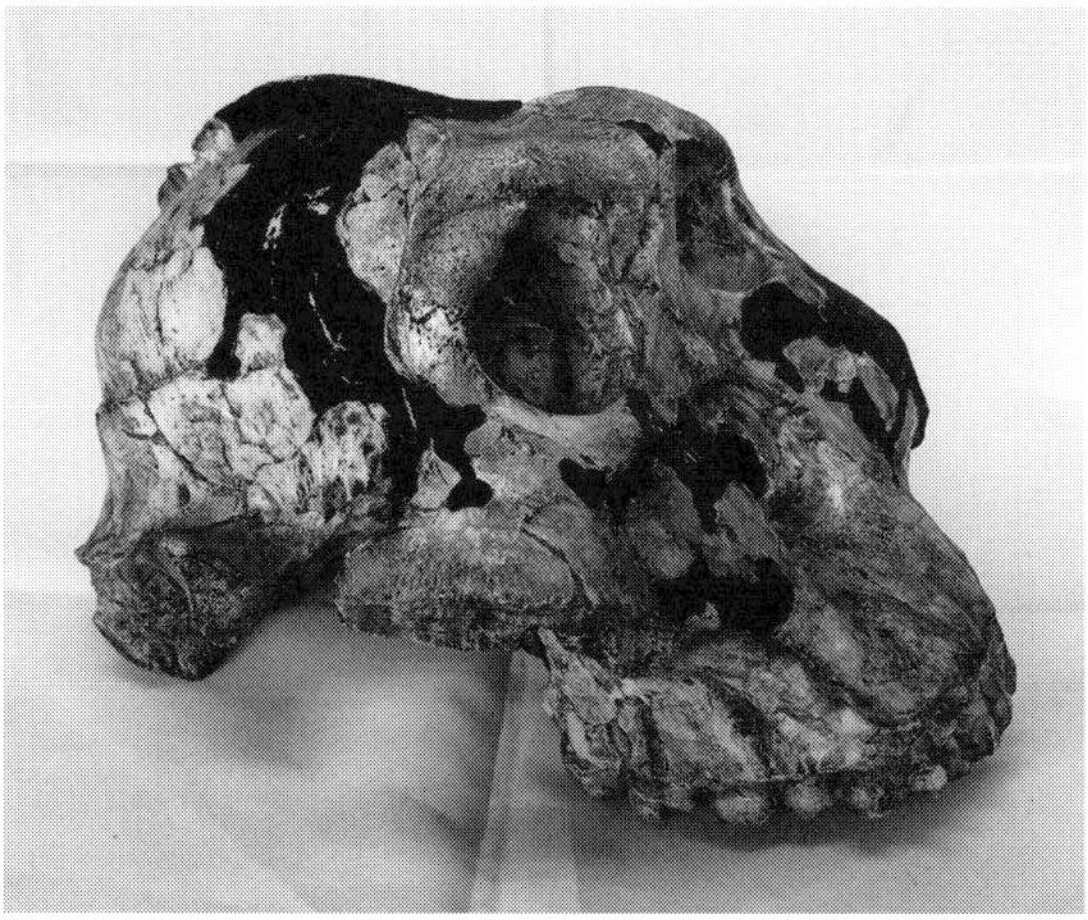

パラントロプス・ロブストス、早木仁成研究室所蔵模型

間にできた子どもであるならば、父と子どもにもDNAに重なりが見られます。つまり、父と母は、二人のDNAが子どものDNAとして受け継がれているということで、結び付けられているのです。後で詳しく説明しますが、近年、日本の縄文時代や弥生時代の家族構成から、家族のかたちはキョウダイ[10]とその子どもが一つの単位ではなかったかと言われています。もちろん、三百七十五万年前の足跡から想像された家族とは、それこそ三百七十五万年ほどもはなれているのですから、同列に考えることはできませんが、ひょっとすると足跡を残した三人は、兄妹と妹の子どもかもしれません。もしそうならその三人は共通するDNAを持っていることになります。

　彼らが私たちの直接の祖先かどうかは別として、おそらく私たちの祖先も何人かの集団で行動していたと考えてよさそうです。おそらく、牙や鋭い爪など外敵から身を守る身体的特徴のない私たちの祖先は、集団で生活することで肉食獣から身を守ったのだと考えられます。

南アフリカ共和国のスワルトクランス遺跡から発見された二百五十万年前のパラントロプス・ロブストスの頭蓋骨にはヒョウの牙の跡があり、ヒョウに捕食された跡だとされていますし[11]、ジョージアのドマニシで発見されたホモ・ゲオルギクスは百七十七万年前のホミニドですが、その頭蓋骨には、すでに絶滅した犬歯ネコの噛み跡があり、彼らが肉食獣に狩られる立場にあったことを示しています[12]。私たちの祖先は八十万年近くも肉食獣の狩の対象であり獲物として狙われていたのです。おそらく彼らは肉食獣から身を守りながら、お互い身を寄せ合って暮らしていたのでしょう。私たちは道具や火を手に入れることによって、はじめて肉食獣の危険から身を守れるようになったのかもしれません。また、家族を中心に集団を形づくる主な目的は、自分の命を守るだけでなく、自分の子どもたちの命をも守るためだったに違いありません。そしてそれは、種の繁栄を目的としたものであり、自分自身の子孫、自分の持っている遺伝子を後世に残すためでもあったのです。

こうして、同じ遺伝子を持つものが中心となって集団が形づくられ、家族を中心とした集団が形成されていったと考えられます。そこには仲間を思う絆のようなものがあったことも知られています。

同じく、ホモ・グルジクスの遺骨には死亡推定年齢が四十歳以上とされ、高齢のため歯のない老人の頭蓋骨も発見されています。しかもこの老人は歯がなくなってから五、六年も生きながらえていたと考えられています[13]。この時代は根茎類や木の実、死肉を漁って食べていたと考えられるので、歯がないということは仲間がそれらの食べ物を彼に与えて、世話をしていたのではないかと考えられるのです。さらに、同じく、アフリカではビタミンA過剰症にかかって激しい出血に苦しみながら、数週間から数カ月生きていた百七十万年前のホミニドの化石が発見されています。彼女は死ぬ直前にはおそらく動くことすらできなかったのではないかと推測され、肉食獣が徘徊し、灼熱のサバンナのもとでそれだけの期間を生きながらえていたのは世話をする仲間がいたからだ[14]と考えられています。

おそらく彼らは家族と呼べるような集団を形成し、助け合いながら生きていたと考えられるのです。

家族の原型

現代社会における、家族を形成する要素、家族の条件とはなんでしょう。

中根千枝はレヴィ＝ストロースの家族の定義を参考にしています。それは⑴家族は結婚によって生じる。⑵家族は夫と妻と、その婚姻によって生まれた子どもたちにより構成される。しかしこの中核をなす構成員に他の近親者が含まれることもある。⑶家族構成員は、a)法的紐帯、b)経済的、宗教的、そしてその他の権利義務、c)性的権利と禁制、愛情、思いやり、尊敬、畏れなどの多種多様な心理的情感の組合せによって結び付けられている。というものです。そして中根自身は、⑴血縁（親子、きょうだい関係）⑵食事（台所、かまど）⑶住居（家屋、部屋、屋敷）⑷経済（消費、生産、経営、財産）の四つを家族構造の比較にとって不可欠の要素とし、「日本ならびに多くの社会においては、家族とよばれる単位はこれら四つの要素をすべて備え、いずれの要素においても、他の集団と交錯することなく、それ自体明確な一つの社会集団の単位として存在するものといえよう。[15]」としています。確かにこれらによって「家族」は特徴づけられているかもしれません。しかし、たとえば養子を入れた場合は「⑴血縁」は成り立ちませんし、子どもが親元を離れて一人暮らしをしていたり、誰かが単身赴任していたり、私の母のように施設に入っていたりすると「⑵食事」と「⑶住居」は異なっています。同様に家族の中でも必ずしも「(4)経済」を共有しているとは限らないのではないでしょうか。もっと緩やかな条件として、私が考える家族の要素は次の六つです。

①　同じ遺伝子を持っている。
②　同じ家に住んでいる。
③　家計を同じにしている。
④　社会的に家族とされている。
⑤　同じ氏を持っている。
⑥　家族だと思っている。

家族とは、これらの中の一つもしくはその幾つかに当てはまる人々の集団と考えられるのではないでしょうか。もちろん、ペットを家族の一員に数える人もいるでしょうから、必ずしも「人」と限らない方がいいかもしれません。例えば、①は、親子、キョウダイを中心として形づくられるものです。②には、似たものとしてシェアハウスや寮などがありますが、これらは家族ではありません。しかし、時には擬似家族的な意味合いを持つことがあり、例えば寮母さんという擬似的母が存在したりします。③には、子どもが親元を離れて一人暮らし

❖家族の原型

をしていたり、単身赴任などで家族が離れて暮らしているけれども、基本的には家計を同じにしている場合も含まれます。④には、本人同士は家族という感覚はありませんが、社会的に、もしくは国家が法的に家族として認識している場合があります。遺産相続などで、普段家族としての交流がないにもかかわらず、突然現れたりします。⑤には、遺伝子などの共通点はありませんが、養子縁組などで家族になるものを含みます。⑥は、前述の条件には当てはまりませんが、本人たちは家族だと思っている人たちです。

私の遺伝子の一部を息子が持ち、妻の遺伝子の一部を息子が持ち、私と妻は、息子と同じ遺伝子の一部を持っているということで、全てが同じ遺伝子ではないにしろ、私と妻と息子には、それぞれの遺伝子に重なりがあります。

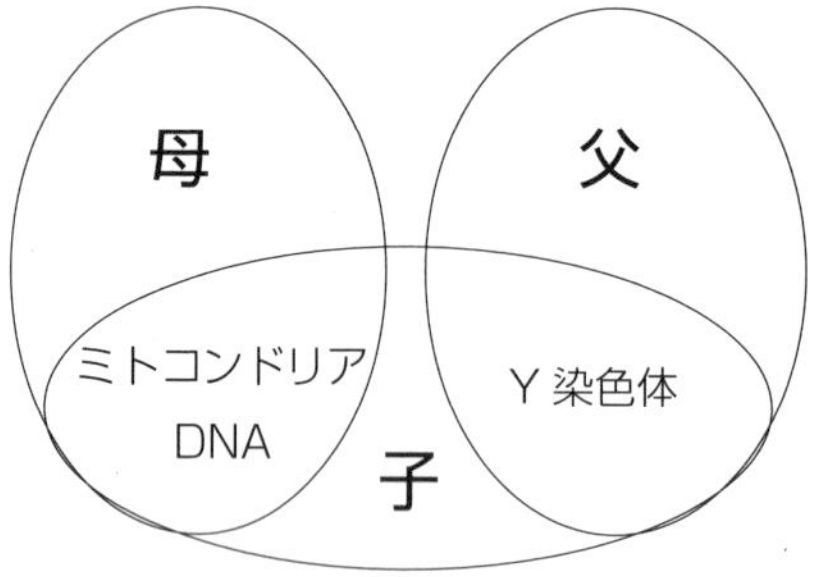

また、この三人は同じ戸籍に記され、社会的に家族だと認められています。戸籍筆頭者は私で、私も私の妻も息子も同じ大原氏を名乗っています。こうしてみると、私の家族は先の条件を全て備えていることになります。しかし、現実には戸籍筆頭者が単身赴任をしていたり、子どもが親元から離れて一人暮らしをしていたり、また、私の母のように、施設に入っているものの、日常生活の中で必要な手続きなどは、私たちが代行していたりします。このような場合も、同じ屋根の下に暮らしていませんが、一つの家族だと考えることができるでしょう。一人

暮らしをしている息子の生活費も私の銀行口座から引き落とされ、三人の生活費は同じ家計でまかなわれています。

また私の祖母のように、実母が死亡し、父と再婚した後妻によって育てられた場合は、祖母とその母には血のつながりはありません。養子縁組によって養子を迎えた時も、血のつながりがないかもしれませんが、私のように母の家、つまり母の両親のところに養子として入った場合は、私からみると母方の祖父母であり、養父母からみると孫ですから養子とはいえ血のつながりはあります。

中には飼っているペットを家族に入れる人もいるでしょうから、「家族」という言葉がしめす意味は非常に複雑で広範囲なものになります。

そこで、本書ではこの複雑にからまっている糸を解きほぐすように、家族の歴史や機能について考えてみたいと思います。そして、この家族のかたちを、遺伝子を中心に文字資料がなかった時代と、戸籍など文字資料によってそのかたちが復元できる時代とに分けて述べていきたいと思います。

猿と私たち

私たちホモ・サピエンスがどのように家族をつくりあげてきたのか、その進化の過程を考えるために、猿の社会を研究する方法があります。つまり、ヒトに最も近い生き物は、猿、したがって猿はヒトの過去の状態を示しているのではないかというわけです。

猿の中でも私たちの祖先と同じ祖先にたどり着き、私たちにもっとも近い種は、ゴリラ、オランウータン、チンパンジーだと考えられています。これらの動物の生態から社会構造などを研究し、現在の私たちの過去の姿を推測しようとするものです。

そうした試みは、現在の私たちの持っている複雑な社会構造を自分たちに近い猿によって解明しようとするものです。そして、その結論はそれらの研究方法から導き出された結論を逆になぞり、過去から現在へと並べ替え、チンパンジーやゴリラなどの生態から、今の私たちとの共通点を探し出し、その生態が過去から引き継いでいるものとして考えるのです。

○ 猿の社会構造

河合雅雄は「霊長類の重層社会」[16]で、猿の社会を次のように分類しています。

ニホンザルは群をつくります。群は複数の大人の雄と雌と子どもたちによって構成されています。群の大きさは、餌づけされた群では高崎山のように千頭を超すものもありますが、自然群では二十〜二百頭だそうです。この数は、私たち人間が最初に維持できるとされた百五十人という数に近く、興味深い数です。

ニホンザルの種社会は、群が社会的単位になって形成されています。このように種社会を構築する社会的基本単位を、オイキアと呼ぶそうです。オイキアは今西錦司によって提唱された語で、現在人類学などで使われている意味とは少し異なっているようですが、種社会を構成するための社会的基本単位集団に対する一般的な名称がないので、オイキアの語を借用して使用されています。

ニホンザル社会では、群の他に単独で暮らしているヒトリザルがいます。原則的にヒトリザルは雄ですが、ヒトリザルも独立した生き方ですから、オイキアに従属するサブオイキアだとみなすことができます。ですから、ニホンザルの種社会の社会構造は、群とヒトリザルというサブオイキアによって成立していると考えられます。

ニホンザル型の群の社会を、複雄群と呼びますが、サル類の社会には、複雄群型だけではなく、いくつかの社会型が見られます。社会型を分類すると、オイキアの内容によって大きく四つに類型化できます。

（一）単独生活社会。雄も雌もただ一頭で独立して暮らしている社会。原猿類の多くがそうですが、真猿類ではオランウータンだけがこの社会型をとります。

（二）ペア型社会。オイキアが一頭のおとな雄と一頭のおとな雌によって構成されます。人間でいうならば、一夫一妻型。テナガザルがこの社会型を持つことで有名ですが、ティティなど南米にすむ広鼻猿にいくつか見られます。

（三）単雄群社会。一頭のおとな雄と複数の雌によって構成されるオイキア。いわば一夫多妻型です。グエノン類やコロブス類に多く見られ、サル類ではかなり一般的な社会型です。

（四）複雄群社会。オイキアが複数のおとな雄とおとな雌によって構成されます。マカカ属やヒヒ属に多く、チンパンジー属もこの社会型です。一夫一妻型という表現で表せば、多夫多妻あるいは乱婚型ということもできるかもしれません。この群は正確にいえば複雄複雌群というべきですが、単雌複雄群つまり一妻多夫型のオイキアを持つ典型的な種はいないので、一般的には複雄群の名で呼ばれています。ここでもエンゲルスの言うように一妻多夫は見られないということです。

河合雅雄は、これら四つの猿社会に、（五）として重層型社会を加えるべきである、と言います。この重層型社会というのは、H・クンマーによって発見された社会です。彼はエチオピアの東南部にあるダンカリ砂漠に近い乾燥サバンナで、マントヒヒの社会学的研究をおこない、それがワンメイル・ユニット、バンド、トゥループという三重の社会構造を持っていることを明らかにしました。つまり、猿の社会にはいくつかの家族のようなものが集まって、村のような組織を作っていることがわかったのです。

ここでは、これらの猿社会から母系的社会を持つゲラダヒヒと父系的社会をもつマントヒヒを例にとって母系と父系について説明します。

○　母系的社会、ゲラダヒヒ

ゲラダヒヒは雌の結束によって形成された集団です。ユニット（人間社会だと家族に近いもの）を構成する雌たちは、多くの場合、ほとんど全員が血縁関係にある者どうしです。ワンメイル・ユニットと言われ、一頭の雄が数頭の雌を占有しています。人間でいうと一夫多妻で、妻が姉妹ということになりますが、実際には世代を超えていることがあるので、祖母、母、娘をふくむことになります。こうした、母系集団に一頭の雄が入り、ワンメイル・ユニットを形成します。こうしたユニットが集まってバンドを形成し、重層社会を形成するのです。バンド内にはユニットから離れた雄グループがあり、構成員は思春期頃にユニットから離れた雄猿などです。

雄グループはほとんど毎日、ユニットに接近して圧力をかけます。リーダー雄は威嚇したりして防戦に務めますが、じりじりと迫ってくる雄グループとの緊張が最高に達すると、リーダーは突然雄グループに果敢に突っかかっていきます。しかし、激突する寸前に体をかわし、反対側に一目散に駆けていきます。挑発された雄は、全員で怒り声をあげながらリーダーを追っかけます。この事件によって、雄グループはリーダーの雄の力量を試しているのです。ですから、お互いに傷つけあう必要はさらさらなく、戦いの一種ですが、たぶんに儀式化されたものです。それゆえ、この戦いを儀式的闘争と呼んでいます。

リーダー雄の力量不足がわかるとグループ雄の一位の雄がリーダー雄と一対一で決闘することになります。ゲラダヒヒのリーダー雄はいわば入婿で、雌たちは母娘、姉妹の関係です。ですので、リーダー雄が入れ替わっても、雌たちが離散するようなことはありません。ただ、雌の数が多いユニットを乗っ取った場合には二、三頭の雌が別の雄に分割されて乗っ取られることがあるようです。[17]

◯ 父系的社会、マントヒヒ

マントヒヒの社会はワンメイル・ユニットとそれに付随する初期ユニットとフォロワー（近くをうろついている独身雄）で構成されます。

雄は四〜五歳の青年期初期からフォロワーの仲間入りをし、八・五〜十一歳の青年期の終わりからおとな期にかけて、三〜五歳の娘をさらいます。この雌を養女として初期ユニットが形成されるのです。リーダーの交代はこの初期ユニットのリーダーがユニットのリーダーに果敢な戦いを挑むことから始まります。ただ、初期ユニットのリーダーが戦いに勝ったとしても、ユニット内全ての雌を手に入れるわけではありません。観察記録では、それはこのユニットの崩壊を意味しており、多くの雌が他の初期ユニットのリーダーのもとに走るからです。雌が他の初期ユニットのリーダーのもとに走ることがあるとはいえ、初期ユニットのリーダーはユニットリーダーの息子ですから、息子の父親に対する反乱ということになります。つまり、ユニットは基本的には父に反乱を起こした息子の手に渡り、父系的な集団を維持していると考えられます。

このマントヒヒのユニットの雄は自分のユニットの雌が遠くにいくとすぐに連れ戻し、また首に噛み付くなど、頻繁な攻撃行動によって、自分のそばから離れないようにしています。また、雌同士は親密ではなく雄の努力によってユニットが維持されています。

◯　母系と父系と遺伝子

母系と父系を遺伝子を使って説明すると、父系は、父から子どもへ受け継がれていくY染色体を、母系は母から子どもへと伝えられるミトコンドリアＤＮＡを伝えようとするものです。すでに見たように、母系的社会を持つゲラダヒヒは母や娘たちの集団に雄が入り込み、その雄がボスとなりますが、そのボスの力が弱まると別の雄がその雄を追い出してそのユニットのボスになります。雄が大人になると、このユニットから追い出されますので、基本的にはこのユニットは同じミトコンドリアDNAをもった雌によって維持されることになります。このゲラダヒヒのユニットにおける雌の団結は強く、仲も良いようです。

一方で、父系的社会構造を持つマントヒヒは、同じユニット内で息子が父親のユニットを乗っ取ることで世代交代しますが、息子が父親のユニットを乗っ取る時点で雌たちは別のユニットに散らばり、ユニットは崩壊します。しかし、新たなボスはさらってきた雌と残った雌、さらに他のユニットなどが崩壊したときに仲間になった雌などを加えた新たなユニットを作り上げていくことになりますが、雌たちの団結はなく、不安定なユニットになります。

この場合は父から子どもに受け継がれていくY染色体をなんとか繋げていけそうですが、母系社会のゲラダヒヒがミトコンドリアDNAを安定的に受け継いでいる場合と比べると、不安定要素が多そうです。

○ この二種の猿の社会構造から読み取れること

母系的社会を形成するゲラダヒヒの場合、雌同士が血縁関係にあるグループ内に一頭の雄が所属し、その雄が別の雄にとって代わられます。出入りは雄にのみ見られます。したがって、バンド内に他の雄が入ってくることも出ていくことも、全くの自由であり、それは雄のワンダラー（単独で行動している雄）がバンドに加入することに対しても開放的です。雄が出入りすることから、父から息子にグループが引き継がれる可能性はほとんどありません。

父系的社会を形成するマントヒヒの場合は、父から息子にグループを引き継ごうとしますが、雌は離散してしまいます。そうしないと、母と息子との近親相姦の可能性があるからです。つまり、雄の血縁を中心とした集団が崩壊することが、近親相姦を回避する手段となっているのです。

これらのことから読みとれることは、母系的社会を持つゲラダヒヒの方が安定したユニットを持ち、母と子（娘）の絆が強いのです。つまり、数頭の雌による集団がユニットですが、そのユニットは母から娘に確実に継承されてゆきます。

この母系的社会を形成しているゲラダヒヒの社会はバンド内のユニットに全くリーダー的猿がいません。しかし、父系的社会を持つマントヒヒにはリーダーシップをとる雄がいます。この雄は元のユニットリーダー、つまり若い初期ユニットのリーダーの攻撃に負けて失脚したリーダーです。彼の役目は複数のバンドが同じ断崖に泊まった次の日の出発の方向や、両バンドの間にいて交通巡査の役や川の増水時の道の誘導など、豊かな経験を生かしたリーダーシップを発揮します。このことから読みとれることは、父系的社会を持つマントヒヒはリーダーを生む社会的下地を持っているということです。

○　ヒヒの社会から何を学ぶか

私たちはこのヒヒの社会構造から何を学ぶべきなのでしょうか。まず、ヒヒたちは進化しなかったのでしょうか。私たちが経験してきたような進化を、ヒヒたちはしなかったのかということです。私たちは森からサバンナに出てきました。ヒヒたちもサバンナで暮らしています。そういう意味では私たち初期の人類と同じ条件で暮らしているのです。そして、私たち人類の祖先はほぼ無防備で、肉食動物の餌食となっていました。そこで考えられるのは、集団で行動することによって、肉食獣から自分たちの身を守るという方法です。おそらく、ヒヒたちも大きな集団で行動することで、ライオンやヒョウなどの肉食動物から自分たちの身を守っているのではないでしょうか。私たちの祖先である初期のホモ・サピエンスと同じ環境で、同じ危険を負って生きているヒヒの行動には、私たちの祖先と同じものがあるはずです。多くのホミニドが絶滅した中で、私たちホモ・サピエンスが生き延びているように、ヒヒ属たちもここまで生き延びてきたわけですから、何らかの進化を遂げて現在のような生態になったと考えられないでしょうか。同じヒヒ属であるにもかかわらず、母系的なユニットや父系的なユニットを作るというのは、彼らが模索した進化のひとつの結果なのかもしれません。

ヒヒの社会構造から学ぶべきことはまだまだあるように思えます。

例えば、母系的社会のゲラダヒヒにしろ、父系的社会のマントヒヒにしろ、近親相姦を避けているということです。つまり、私たちホモ・サピエンスが近親相姦をさけるのは、非常に古くから、つまり二足歩行を始める前からそういう機能が備わっていた可能性があるということです。

さらに、ゲラダヒヒとマントヒヒは異なる家族構成を持っています。つまり母娘、姉妹を中心として、そこに入り婿をとるゲラダヒヒと、一頭の雄が複数の血縁関係のない雌をあつめてハーレムを作るマントヒヒという、まったく異なる社会構造を持っているにもかかわらず、同じヒヒ属（Papio）として分類されています。しかも、ヒヒ属は自然状態においても雑種が形成されるという非常に珍しい属なのです。交雑できるほど近い種にもかかわらず、全く異なる家族構成を持っていることになります。これも私たちの社会に似た部分があります。私たちは父系で受け継いでいく「氏」（姓・苗字）を中心に父系的家族を営んでいます。これについては、また後で述べます四川省の納西《ナシ》族や雲南省の摩梭《モソ》族という民族は、母親とキョウダイだけが一緒に暮らす母系社会を形成しています。私たちも、同じホモ・サピエンスにもかかわらず、さまざまな社会を形成しているのです。

異なる社会構造を持つヒヒが交雑した場合にどうなるのか、という調査もされています[18]。

マントヒヒと全く異なる構造を持つアヌビスヒヒの社会は単層の複雄群で十頭内外のおとな雄、それより多くのおとな雌およびその子どもたちによって成立しています。このアヌビスヒヒとマントヒヒの雑種について調べてみると、それぞれの特徴を残しながらも、ユニットの構成メンバーなどに大きな変化が見られました。つまり、全く異なる社会構造を持つヒヒ同士が雑種となることで、どちらの社会構造とも異なる社会を形成するということです。

こうした調査の中で、発情期以外にはほとんど雌に関心を示さないアヌビスヒヒが、発情期以外の時間にも雌と行動を共にするなどの変化が見られ、また雌に対して攻撃的な態度を取るマントヒヒが、あまり攻撃しなくなるという変化が見られたそうです。マントヒヒが雌を自分のところに引き留めておくためにおこなう攻撃的な行動は、遺伝子に組み込まれているものではないか、という研究もありましたが、どうも「特定の雌に対して関心を固着させる」という基本的な志向性にあるのではないかと考えられるそうです。マントヒヒの雄の行動からアヌビスヒヒは雌に執着することを学習し、マントヒヒは攻撃することで表現していた雌への執着をやめたのです。

また、雄の統制力が衰えたことで、雌同士は仲良くなり、お互いに頻繁に毛繕いをするようになったといいます。つまり、マントヒヒの雌も、雌同士ではもともと近しい間柄では毛づくろいをする親和的な関係を構築できるにもかかわらず、雄の厳格な統制がそれを阻止しているというのです。

エンゲルスは「家族[19]」で、家族の形態を①血族家族、②プナルア家族、③対偶婚（排他的でない、ゆるやかな一夫一婦婚）、④単婚家族の四つの段階に分けて考察しており、こうした進歩は、母権社会から一夫一婦制にむかって順次段階を踏むとしています。しかし、アヌビスヒヒとマントヒヒの交雑から観察された結果は、異なる社会を持つ二つの種族が交わることでこうした変化が起こりうるということを示唆しているのです。

ロビン・フォックスは『親族と結婚[20]』で、人類が霊長類から引き継いだ性質には、その社会をいかなる面から研究する場合にも関連を持つものが多いと言っています。例えば、優劣と順位、なわばり制、集団による協同、コンソートと性行動、結びつきを持とうとする行動、儀礼化などです。しかし人間がその適応の過程で折り合いをつけなければならず、また親族と婚姻の研究に直接関係をもつ「一生のうちに起こる物事」というのは、たぶん次の四つの基本的「原則」にまとめることができるだろうとします。

1、女性が子どもを生む。
2、男性が女性に受胎させる。
3、普通は男性が統制をとる。
4、第一次親族はお互いに性関係を持たない。

先ほど見たように、父系的社会を持つマントヒヒがリーダーを持ち、人間が霊長類から引き継いだ「原則」に男性が統制をとるというものがあるのであれば、父系的社会からリーダーが生まれ、それは当然雄である可能性が高くなります。これは人類の社会がいかに発展してきたかを考察するうえで非常に重要なことです。何かを確実に相続させるという観点から言えば、母系によって伝えるのが確実です。子どもの母親はわかっているわけですから、母から子どもに財産を譲る方が確実です。そしてその子どもは娘であり、その娘が自分の子ども（娘）に財産を譲っていけば、そのものは同じ遺伝子（ミトコンドリアＤＮＡ）を持つ親子の間で受け継がれていくことになります。

とにかく猿の社会は我々人間の社会を考察するうえで非常に参考になると同時に、再度自分たちの過去の社会を復元すること、つまり、人類の原社会を考察するための資料の一つになるのです。

○ヒヒのユニット、ホモ・サピエンスの夫婦・家族

和田正平は『性と結婚の民族学』で、プロトホミニド[21]は、森林の周辺部から疎開林、そして草原へと環境を移して母系集団を形成し二足歩行に進化したと考えています。[22]やはり、母系集団から始まると考えているのです。

夫婦関係についてはフィッシャーが『結婚の起源：女と男の関係の人類学』で、ホモ・サピエンスへの進化の過程で夫婦の成立を次のように想像します。

最初、プロトホミニドは、「メスはオスと同じくらい毛深く胸は平らで、ほかの霊長類のメスと同様、おそらく月ごとの周期の三分の一は発情していた。そして発情していないときはオスの性的な接近は受けつけなかった」と類推します。[23]プロトホミニドが動物と同じようにはっきりとした発情期を持っていたとするなら、雄を惹きつけることができるのはその期間だけです。雌たちは子どもを育て食料を確保しなければなりませんが、チンパンジーの食料の分配方法から推測して、たくさんの肉を分けてもらえるのは発情している雌だとします。

雄に集まってもらえば、雌と子どもたちの食べる肉が豊富になり、自分たちの身も安全に保たれます。とすれば、プロトホミニドの雌は、発情期が長いほど良いわけで、フィッシャーはプロトホミニドの間で発情期の長い遺伝形質が望ましいものとして引き継がれていったと考えるのです。

こうして、プロトホミニドは発情期を失いはじめ、八百万年ほど前には、雌は妊娠中の交尾、出産直後の交尾や排卵の外部徴候がなくなるなどの生理機能もそなわったと考えます。雌は多産になり、未熟児の出産による雌の負担が増大し、初期のつがい関係がこのころ成立したと考えるのです。一時的にせよ、雄＝雌同棲が見られ、プロトホミニドの配偶関係に結婚の萌芽が生まれたとします。

雌はできるだけ雄を引きつけるためには、妊娠期間が短い方がいいわけで、子どもは未熟児状態で生まれることになります。さらに、短い期間で子どもが生めるようになると、人口爆発が起きると考えられます。こうして雌は性的魅力を発揮し、雄とつがいになり、雄も子育てを分担するようになります。長期的につがいになると雄は自分の子どもを認知し、保護するようになるというのです。フィッシャーは、人類の祖先が手に入れたものは「つがうという関係であり、父親という存在であり、家庭という場所であり、メスという『性のつわ者』である」[24]と結論付けます。

フィッシャーの説は確かに魅力的であり、非常に説得力があるように思われますが、問題も含んでいます。

マントヒヒのユニットのように、たとえ雌が発情していないときであっても、ユニットのリーダー雄が雌を手元から離すことがないことや、ゲラダヒヒが常に母系的な集団のユニットのリーダー雄としてユニット内にいる例などを見てみると、雄が性欲を満足させるためだけに雌に近寄り、さらに性欲を満足させている期間だけ雌のそばにおり、満足が得られなくなると雌から離れていくとは考えられません。

フィッシャーは、プロトホミニドの雌は、月経周期を通していつでも交尾できるので、雄は雌の排卵時がわからなくなるとします。そしてそれは、連続した性行動によって雌の排卵のはっきりした外部兆候がおおいかくされたせいだとしますが[25]、チベットモンキーの雌は外見で排卵を示す兆候はありません[26]。

猿の社会では、ある雄が別の雄から雌の集団を奪取したときに、前の雄の子どもを殺し、雌の発情を促すという子殺しが観察されています。これは必然的に雄にとっては自分の子どものみを群におくことになるわけで、たとえ、つがいで長時間一頭の雄が雌と同棲することによって自分の子どもを認知しなくとも、基本的には猿の雄は自分の子どもは認知していることになるのではないでしょうか。

アラン・S・ミラー、サトシ・カナザワは『進化心理学から考えるホモサピエンス』[27]で、私たちの脳は一万年以上進化していないと言います。その証拠に、映像と実際の区別ができずそれが写真やビデオであっても、自分を誘っているような裸の女性を見れば、男性は興奮するというのです。それが、人工的なイメージにすぎず、その女性とはセックスはおろか、出会うこともないであろうことは、頭ではわかっていても、本能的には理解できないのです。また、男性にとって、できるだけ多くの女性と繁殖行動をおこなうことは繁殖成功率を高め、自分の子どもを残す確率を上げますが、女性は双子や三つ子を生まない限り、一年に一人の子どもしか作れないことから、多くのセックスパートナーをもつ生物学的メリットはほとんどありません。

さらに、ヒトの婚姻形態は本来一夫多妻にもかかわらず、多くの文化圏で一夫一妻制が採用されているとします。その理由はある男性に富が大量に集まると、女性はその男性との間に子どもを儲けようとします。なぜなら、その子どもにはその男性の富が受け継がれるからです。さらに格差が大きく、富を占有する男性の富が、あまり富を持たない男性の富の十倍にもなると、女性はたとえ、その男性の子どもを生む女性が別にいて、自分の子どもには五分の一の富しかもらえないとしても、あまり富を持たない男性の二倍の富が、自分の子どもに与えられることになります。こういう社会では、一夫多妻が制度的に認められますが、男性の富にあまり差がなければ、一夫一妻の方が女性にとっても有利に働き、社会の制度や規範となるというのです。また、男性の数と女性の数が同じであれば、少数の男性が複数の女性を妻にする一夫多妻制よりも、一夫一妻制のほうがより多くの男性にセックスパートナーが得られる機会が増えるので、男性にとっても好ましい社会ということになります。

○　まとめ

種の保存のための繁殖行為と種の存続、さらには自分の遺伝子を残すために、ホモ・サピエンスは集団行動、集団組織を作り上げたと考えられます。その集団を維持するために、父系や母系などさまざまな方法を考えつきますが、それはホモ・サピエンスだけの行為ではなく、私たちがホモ・サピエンスになる前に既に取得していたのではないかと考えられます。それは、私たちに最も近いチンパンジーやゴリラだけではなく、それ以前に分岐したと考えられるヒヒ類が、ユニットがいくつもまとまってバンドを形成するという重層型社会をもっていることから推測できます。家族だけではなく、その家族がいくつも集まる社会を形成し、そして、父系的社会を形成するマントヒヒのバンドにはリーダー雄が存在していますが、母系的社会を形成しているゲラダヒヒには、そうしたリーダー雄は存在せず、バンドはなんとなく固まり、雰囲気だけで集団になっているようなのです。こうした、社会を統合するリーダーの存在が父系社会を形成するマントヒヒに存在することは、私たちの社会を考察する上で非常に重要なことだと考えられます。

すでに述べたように、マントヒヒのバンドにはリーダーシップをとる雄がいます。ユニットの元リーダー雄で、失脚後はバンド内にとどまり隠居生活をしていますが、突然の大雨の時に安全な渡河点へバンドを誘導するなど、その経験を活かしたリーダーシップをとります。それは、マントヒヒが彼らの経験による知識を信じているわけで、年齢を経た猿には豊かな知識があるということを知っているのです。

私はこのことは非常に重要なことではないかと考えています。つまり、私たちの祖先も非常に早くから、知識や経験は体力とは別に自分たちにとって必要な力だとわかっていたのです。そして、私たちはサバンナで肉食獣から身を守るために、集団で行動し、その集団を維持するためには知識や経験が重要な要素であり、それを伝えていくことも自分の子孫を守るためには有用だと気づいたのではないでしょうか。つまり、ただ単純に自分の遺伝子だけを残し伝えていくのではなく、遺伝子以外にも知識や経験を次の世代に受け渡していく重要性に気づいたのです。

多くの研究者が、ヒトを動物として考察し、エンゲルスの言う自己生産と種の繁栄をどのように築き上げて来たのかを中心にして、私たちの社会や夫婦関係などを説いています。これは　家族のかたちの一つ「①遺伝子を伝える家族（子孫繁栄）」を中心に据えた研究で、家族にはさらに「②戸籍で定められた家族（国家の下部組織としての家族）」、「③氏を維持するための家族」が存在しますから、それらの家族のかたちにも目を向ける必要があるでしょう。

例えば、私の家を例にとってみたいと思います。私は、大原良通です。そしてその名前は大原と良通に分けることができ、この大原というのが氏を表します。氏はイエの名前と考えてもいいでしょう。そして、私は元禄十（一六九七）年に死亡した初代から数えて十一代目になります。初代は原っぱだったところを開墾したので、その地域を原村と言って、苗字も皆さん原を名乗ったそうです。しかし、私の家は、最初に開墾したイエなので、大原という苗字にしたということです。

さて、私は十一代目ですが、八代目には男の子がおらず、娘に入婿を迎えます。九代目とその妻の間には女の子が三人生まれますが、二人は早世してしまい、残った私の祖母に入婿を迎えます。また祖父の息子も戦争で若くして死にます。祖父は大原家（氏）を守るために、娘である私の母が父のところに嫁ぐ時に、子どもが二人生まれたら、一人を大原の養子するという条件をつけました。こうして、私が祖父の養子となり、大原家を継ぐことになったのです。

皆さんにとっては一体そうして名前だけを残して、誰かが家を継いでいく構造にどんな意味があるのか理解できない人もいるのではないでしょうか。

日本人の由来

私たち日本人はいつ頃日本にやってきて、どのように家族を形成してきたのでしょうか。

近年遺伝子の研究が進み、わたしたち祖先のあり方がいろいろとわかるようになってきました。遺伝子には男性から男性によって受け継がれていくY染色体と、女性によって受け継がれていくミトコンドリアDNAがあります。

人類は、アフリカから何度かにわたってユーラシアに進出しますが、その後、東へと旅を続けます。崎谷満の『DNAでたどる日本人10万年の旅』[28]は、男性によって受け継がれていくY染色体を中心に日本人のルーツを研究したもので、この説を紹介しながら、人類がどのように日本にやってきたのかを考えていきたいと思います。

Y染色体はAからTまで、大きく二十種類に分類されます。それは、アフリカで生まれた最初のホモ・サピエンスが持っていた染色体がどのように分岐してきたかということを示しています。これをハプログループと言いますが、その意味は男性という片方の性が受け継いでいる染色体、つまり、Y染色体によって分類されたグループという意味です。

このハプログループですが、例えば、AからTのうちのCは七万年前にBと分岐したという意味です。六万八千九百年前にはD、Eと分岐し、五万三千年前にF、Tと分岐しました。その後、Cはさらに、C1、C2、C3、C4、C5、C6、と分かれ、Cと合わせて七種類のハプログループが存在します。これらのハプログループのAとBのY染色体を持った人はアフリカ大陸にしかいませんので、彼らはアフリカから出なかった人々の子孫ということになります。そして、CグループがDグループと分岐したあと、今から六万五千年ほど前に、Dグループがアフリカからユーラシアに先に進出し、次にCグループが五万三千年ほど前にアフリカを出たとされます。

このCグループですが、その祖型がインドに見られるのに対して、C1、C2などはインドでは見られません。この祖型から分岐したC1は日本固有の形で、同じ祖型から分岐したC2はインドネシア東部、パプア・ニューギニア、オセアニアにしか見られません。つまり、Cはアフリカを出て、インドを経由したあと、一部は東南へ移動し、一部は日本に向かって移動したわけです。しかしながら、C1がどこでどのように誕生したかはわかりません。考えられるのは、日本にわたって来たグループが途中でC1となって日本に定着したのではないかというこことぐらいです。日本に来てからCの祖型とC1が分かれたのなら、日本にもCの祖型を持つ人がいるはずですけれどもそれが見られないので、どこか途中でCの祖型と分岐し、C1となった人々が日本にやって来たことになります。ただ、これは現代人のY染色体を調べたものですから、ひょっとすると日本にCの祖型の染色体を持つ人々がやってきて、C1が分岐した後、Cの祖型の人々が絶滅したということも考えられます。このC1の染色体を持つ人々は、新石器時代早期に貝文化を持ち、船に乗って日本列島の南部にやって来たと考えられています。

Dグループは六万五千年ほど前にアフリカを出発したとされ、ユーラシア東部に見られます。アフリカを出たDグループの祖型はユーラシアの南部を東に移動したようです。インド東部のベンガル湾の東側、インドシナ半島に近いアンダマン諸島でDの祖型が見つかっています。その後、東南アジアを経て北上し、華北から朝鮮半島をへて、日本列島へ渡って来たと考えられます。さらに一部は、チベット高原へ向かい、チベットにはD1とD3グループが高い割合で見られるようです。

D2グループは日本列島にしか見られないタイプです。そしてこのDグループが新石器時代の縄文系の人々ではないかと言われています。

東南アジアでNとOグループの人々が分岐し、朝鮮半島をへて日本に渡って来ました。特に、Oグループは東アジア南部で発祥したのではないかと考えられ、O2bグループが三千三百年ほど前に分岐し、二千八百年ほど前に移動を開始して、日本に渡来系弥生人としてやって来たと考えられます。

縄文早期の人骨に関しては居家以岩陰《いやいいわかげ》遺跡の研究が進んでいます。國學院大学が研究しており、N9bという遺伝子が多いそうです。[29]

❖日本人の由来

最後にQグループですが、Qグループの人々はシベリアとアメリカに分布しており、アフリカを出たグループが、マンモスを追ってシベリアからアメリカ大陸へ移動する途中に一部が日本にやって来たようです。[30]

今のところ、ここまで明らかになっていますが、また、女性のもつミトコンドリアDNAの分析が進むと、これからも新たな見解が生まれる可能性があります。

今見てきたように、いろいろなタイプの人々がいることを知ると、自分がどのタイプの人間か気になるのではないでしょうか。

皆さんお酒に強いですか。もちろん、二十歳を過ぎないとお酒は飲めませんから、二十歳を過ぎてからですが、このお酒に強いか強くないかというのは遺伝によるものだとされています。

気になる人は消毒用アルコールを含ませた絆創膏を十分間ほど二の腕に貼ってみてください。肌が赤くなる人と、ピンク色になる人と、反応のない人がいます。

原田勝二の研究によると、日本人の四十四パーセントの人が酒に弱く、中国人の四十一パーセント、またアメリカ先住民であるスー族とナバホー族にわずかながら酒に弱い人がいる一方で、アフリカやドイツ、トルコやフィンランドにはそのような人がいないそうです。[31]これは、アルコール分解酵素を持っているかどうかの差なのです。

アルコール飲料の主成分はエタノールと水です。このアルコールが体内に吸収されると、その八十パーセント以上が肝臓の「アルコール脱水素酵素（ＡＤＨ）」によって、人体に有害なアセトアルデヒドに変えられます。次にこのアセトアルデヒドを「アルデヒド脱水素酵素（ＡＬＤＨ）」によって酢酸に変えます。酢酸は炭酸ガスと水とエネルギーに分化されます。

このアルコール分解酵素の一つであるＡＬＤＨ２と呼ばれる酵素をコードしている遺伝子は、ヒトの12番染色体にあります。この酵素の487番目のアミノ酸は正常型ではグルタミン酸ですが、このグルタミン酸がリジンというアミノ酸に置き替わっている人がいます。それをＤＮＡ配列で見ると、グルタミン酸をコードするＧＡＡという配列の先頭のＧがＡに変化して、ＡＡＡとなり、これはリジンのコードとなります。このたった一つの配列の違いで、ＡＬＤＨ２はアセトアルデヒドを酢酸に分解する能力をなくしてしまうのです。

難しい話はこれぐらいにして、要するにＡＬＤＨ２には、お酒に強いＮＮ型と、あまり強くないＮＤ型と、ほとんど飲めないＤＤ型があるとされています。

このＮＤ型とＤＤ型は日本人や中国人、わずかながら北アメリカの先住民に見られることから、中国の東南部でＤＮＡ配列の一つが突然変異を起こし、その子孫が朝鮮半島、日本、さらにはベーリング海峡を渡ってアメリカ大陸に渡ったと考えられています。

日本の中でも変形型を持つ人間は近畿地方を中心にして、中部地域に多く見られ、正常型（ＮＮ型）は東北と南九州、四国の太平洋側に多いことから、渡来系弥生人の中にそのＤタイプの人間が混じっていたのではないかといわれています。したがって、お酒に弱い人は弥生系の遺伝子を持っている可能性が高いわけです。さらに弥生人の特徴として、前歯の裏側がショベルのように凹んでいるとか、眉毛が薄いなどということも言われていますが、どれも確実なことはわかりません。

しかし、少なくとも日本人というのは様々な遺伝子を持つ多様な人々で構成されていることだけは間違いありません。

では、日本に来てからの家族のかたちを見ていきましょう。

縄文時代の家族のかたち

旧石器時代と縄文時代の差はなんでしょう。当たり前のようですが、土器があるかないかなので、縄文時代の始まりは最古の土器がいつ作られたのかということになります。従来の説では一万二千年ほど前とされていましたが、新たな発見や年代測定法の進歩などで、今から一万六千年ほど前という説が有力になっています。[32]

私たちは使う道具によって生活を大きく変え、その道具を基準に時代を区切ってきました。言い換えると、新しい発明があると私たちの生活が大きく変わるということです。生活が大きく変わると時代が変化したと捉えて、新しい時代が始まったと認識するのです。ですから、誰かが土器を発明したことにより、私たちの生活は大きく変化したわけですから、一番古い土器が発見された今から一万六千年ほど前に縄文時代が始まったと考えるのが一般的です。ただ、物や情報がすぐに伝わる現代とは違い、土器の普及にはそうとうな時間がかかったと思われます。つまり、縄文土器を使用している場所と使用していない場所が混在し、日本の広い範囲で土器を使うようになるには数千年という時間がかかったのではないかということです。いったい縄文時代の生活はどんな感じだったのか、縄文時代をどう捉えるかということを決めて、いわゆる縄文時代として私たちが考える生活を、日本列島に住んでいる多くの人々がおこない始めた時期を縄文時代の始まりとし、それまでを過渡期と捉える研究者もいます。そこで重要になるのは、縄文時代というのはどんな時代だったのかということです。考古学者は縄文時代の特徴を、土器・弓矢・竪穴住居・貝塚などが遺物として現れる時代と考えました。[33] まさにエンゲルスのいう「未開の下位段階」です。

日本史では、石器時代、縄文時代、弥生時代と道具の名前で時代を分けています。しかし、最近ではそれを道具によって分けるのではなく、生活形式によって分けるという考え方が出てきています。つまり、土器の発明と農耕の始まりです。

皆さんは縄文時代について、どのように習いましたか。私が学生時代というのは、もう三十年以上前ですが、基本的に縄文時代の遺跡は関東より東に多く、関西ではあまり発見されないというのが常識でした。また、最近話題になっているのは「北海道・北東北の縄文遺跡群」で、二〇二一年七月に世界文化遺産に登録されています。

縄文遺跡は東北を中心とした北日本で多く存在すると言いましたが、一九九〇年ごろから、神戸三宮から雲井通や二宮、春日野道にかけて、縄文時代の遺跡が多数発見され、関西にも多くの縄文時代の遺跡があることが明らかになっています。

私の勤めています神戸学院大学の近くにも、縄文時代草創期から早期にかけての遺跡がたくさんあります。明石城の西側の道を明石川沿いに北に上がると、神戸学院大学有瀬キャンパスの南側の第二神明道路と交差します。その辺りに玉津田中遺跡があり、縄文草創期の土器が出土しています。また、朝霧駅を降りて神戸学院大学の方へ登ってくると、狩口台というバス停があるのですが、ここには早期縄文時代の遺跡があります。

この狩口台のすぐ東の丘の上には大歳山《おおとしやま》遺跡があります。縄文時代前期から中期にかけての遺跡で、戦前に発掘された数少ない縄文遺跡です。そこから出土した縄文時代前期の土器は大歳山式土器として、時代を確定する基準の様式となっています。発見者は当時の明石警察署長の宮崎俊男ですが、発掘したのはのちに明石原人を発見する直良信夫です。

また、大歳山遺跡からは貝塚が発見されていません。ですので縄文時代を特徴づける条件の一つが欠けていることになります。しかしそれは、縄文人が一つの食料だけにこだわらずに、様々な食性をもっていたことを証明しているのかもしれません。

春成秀爾によると、大歳山遺跡はいまから五千七百から五千五百年前のもので、住居が五、六棟建ち、当時としては規模の大きな数家族からなる二十名前後の集団だったと考えられるそうです[34]。大歳山式土器の分布は熊本・大分から東京、島根から山形の間に広がっています。大歳山式土器には製作者の爪痕があり、幅が狭く、厚さが薄く、華奢であったことから、土器の製作者は女性だと想定されています。もしそうであれば、大歳山式土器がこれほど広い範囲で見られる意味をどう考えるのかということが、問題となります。

上野佳也は縄文時代の土器形式の文様情報は、人と土器によって移動すると考えています。近隣交易は婚姻と交易によるもので、遠路流通は土器自体の交易だったのではないかと考えています[35]。そう考えると、土器の作り手である女性が他の地域に移動し、そこで大歳山式土器を作成した可能性も考える必要があります。

縄文時代を特徴づける土器の発明によって、人類の生活がどのように変化したかに注目すると、土器によって長時間の煮炊きが可能になり、食べられるものの種類が劇的に増えたと考えられます。たとえば、アク抜きの必要な堅果類、どんぐりや栗、稲、あわ、ひえなど、魚や貝類など、様々なものが食べられるようになったと考えられます。その一方で土器は重たく、また、割れやすいので移動生活には不向きです。つまり身近にあるもので、今まで食べられなかったものが食べられるようになった反面、土器などの生活用具が増え、食べ物を求めて移動しにくくなったということです。

定住生活をすると、村の中で死者が出ます。旧石器時代は移動生活ですから、死者が出てもすぐ別の場所に移動してしまいますが、ある程度定住生活をすると、死者を埋葬し、その埋葬された死者と長時間同じ場所にいることになります。そこで、死者を埋葬する場所を決めて、墓を作ることになります。縄文時代後期になると複数の集落が集落から離れたところで共同の墓地を営むようになります。これは、集団間の絆を確認し、団結を強める社会的システムが出来上がってきたことを示します。[36]

また、縄文時代の中期には、住居址が広場を囲むように配置される環状集落が見られます。この環状集落では、家の建てられていない場所があり、この空白によって集落が二つに分断されているのです。こうした集落の形態から一つの集落が二つの、いわゆる半族を形成し、お互いに婚姻関係を結んでいたのではないかと推測されています。[37] 同じようなことを田中良之も指摘しており、さらに、それぞれが分節化して、いくつかの親族集団がまとまって部族社会を形成していったのではないかと推測しています。[38]

◯中国の仰韶《ぎょうしょう》文化

こうした一つの集落が半族によって分けられる例は、日本だけではなく東アジア全体に見られることで、例えば、中国では新石器中期、紀元前四千五百年ごろから環濠集落が営まれます。この環濠集落は真ん中に広場を持ち、広場の方に入口を向けた住居が配置されています。後に出現する陝西《せんせい》省西安付近の半坡《はんぱ》遺跡や姜寨《きょうさい》遺跡では、環濠集落の内部がいくつかの住居集団に区切られており、それらは最初は半族に分かれていたと考えられます。姜寨遺跡ではその半族としての二つの集団が分裂して四つに分かれ、その四集団が基礎単位となり、平等で安定した部族社会を営んでいたようです。[39] さらにそれぞれの集団は数件の小型住居（十～三十平方メートル）、または中型住居（三十～六十平方メートル）と小型住居のまとまりがあり、さらにそれらがいくつか集まって大型住居（六十～三百平方メートル）を中心とした大きなまとまりになります。そして、小型住居には五人前後の家族が居住していたとします。[40] 小型住居は全体の四分の三を占めており、出土する土器から五人までの家族が住んでいたと考えられています。中型、大型の住居にも数人が寝られるほどのベッド状の土床があります。また二、三棟の住居が一塊になっていることが指摘されています。これらのことはおそらく一つの家族が五人までで、三つの家族が親族のようなつながりを持っていた[41]のではないかと想像させます。しかし、この一つの家に住んでいた四、五人の家族の構成はわかりません。一組の夫婦と未婚の子どもたちなのか、母とその子どもたちなのか、またそれらとは異なる構成員だったのかは発掘状況だけではわからないのです。ただ、この姜寨集落が廃絶されたあと、そこは集団合葬墓となります。同じ時代の史家遺跡の合葬墓では同じ墓壙《ぼこう》に埋葬されているのが血縁家族単位だった[42]ことを考え合わせると、当時の家族が婚姻ではなく、血縁を重視したものだったと想像できます。

ちなみにこの中国の仰韶文化は農業生産が安定した紀元前五千年から三千年ごろに位置付けられ、日本の三内丸山遺跡は、その後半部分が重なる紀元前三千九百年から二千二百年ごろの縄文中期の遺跡です。

○ まとめ

縄文時代の説明を終えるにあたって、確認しておきたいことがあります。縄文時代から始まった事柄の多くが、今もなお私たちの生活の中に生きているということです。まずは土器です。陶器や磁器となっていますが、私たちが普段食事をするときに使う食器は、この縄文時代に発明した土器を発展させたものであり、食べ物を煮炊きするという調理法も縄文時代からです。私たちが鍋を囲むとき、囲炉裏がガスコンロや電磁プレートになり、土器が陶器になり、その姿は大きく異なっているかもしれませんが、基本的なスタイルは縄文時代に始まったものです。定住生活や村、墓地や祭祀、季節による生活習慣といったこともこの縄文時代にその源を見ることができます。そして何よりも、血縁を核としたいくつかの集団が、一つの社会を作り上げた時代なのです。縄文時代というのは日本だけでなく、人類にとって人間らしい生活を始めた時代として位置付けることができるのです。

弥生時代の家族のかたち

○縄文から弥生

弥生時代という名前からわかるように、以前は弥生式土器が使われ始めた時を弥生時代の始まりとしていましたが、現在では水田稲作が始まった時代を弥生時代の始まりとして捉えています。エンゲルスの言う「未開の中位段階」です。しかし、ここでも縄文時代と同じ問題が発生します。日本列島で水田稲作が始まったのは、福岡市博多区板付遺跡で、紀元前十世紀後半に比定されています。[43] しかし、やはり水田がある程度日本で広がり、今につながるものとして定着したと認められなければ、弥生時代が始まったとは言えないのではないか、ただ一番古い水田による稲作が紀元前十世紀後半だから、日本全体が弥生時代になったと言うのは極端だという意見があります。ですので、弥生時代の始まった年代を決定するには、全国の発掘がもう少し進んで資料が増えるのを待つ必要がありそうです。

石器時代や縄文時代と異なり、弥生時代はたしかに土器の形式から時代の名前がついていますが、稲作という生産物と生産方法によって時代が特徴づけられています。つまり、経済基盤が社会の特徴となったのです。弥生時代の特徴は「農耕社会の成立」と「戦い」、そして「王権の始まり」です。

以前、弥生時代は朝鮮半島から弥生人が日本列島にやってきて、それら進んだ文明を持った人々によって、それまで暮らしていた縄文人は北九州や近畿地方から追いやられたと考えられてきました。たくさんの人々が日本にやってきたことは、発掘された人骨をさまざまな形で分析して、明らかになってきています。しかし、その数は縄文人を駆逐してしまうほどではなく、埴原和郎は、渡ってきた弥生人は少しずつで、縄文人とゆっくりと混ざり合っていったと考えます。そうした状況の中で、弥生時代は、縄文人の特徴を色濃く残す弥生人と、渡来系弥生人の二重構造をもっていたと考えるのです。[44]

また、朝鮮半島などから渡ってきた人々は、日本にきてからも自分たちの文化や習慣を維持し続けたと考えるのが普通でしょう。当時の大陸は商（殷）から春秋戦国時代、秦、前漢と統一国家形成への動乱期です。そうした戦禍を免れてきた人も多かったと考えられます。そして、これらの人々は独自の文化を持っていたと考えられるのです。

近畿地方における稲作の開始は紀元前六世紀ごろからだとされています。神戸学院大学の南、第二神明道路のインターチェンジの角を西へ、西明石の方へなだらかな平地を降って行く道が、明石川と交差するあたりに弥生時代の遺跡があります。

明石駅から神戸学院大学行きの直通バスに乗ると、明石城の西側の堀の外側を北に向かって走り、伊川にかかる橋を渡り、新幹線の高架下をくぐります。そのまま直進して、二つ目の信号を右に曲がるのですが、この伊川から新幹線の高架を過ぎて右に曲がるまでの左側のひらけた地域に新方という地名があります。ここには弥生時代前期の新方遺跡があります。さらに、新幹線の高架下を左、つまり東に向かって行くと弥生時代中期の吉田南遺跡があります。また、第二神明道路に沿って明石川の方へ行くと玉津田中遺跡があります。弥生時代、この辺りでは新方と玉津田中にあった集落が中心となり、その周りにいくつか集落が存在したようです。また、新方遺跡では玉の生産、玉津田中遺跡では磨製石包丁の製造をするという分業体制が確立していたようです。[45]

縄文時代の三内丸山遺跡のように何百年ものあいだ何十人もの村民を抱えていた遺跡がありますが、竪穴住居の跡や、土器の出土状況だけでは家族のあり方まで復元することができません。また、墓地が発見されていますが、家族ごとにまとまったものではなく、日本の土壌の問題から保存状態のよい骨が出土しにくく、遺伝子の分析などもあまり進んでいません。

墓地のあり方とその被葬者の遺伝子が分析されると、当時の家族のあり方がより詳しくわかってくるはずです。それが、弥生時代になるとそうした情報が増え、その家族の実態がおぼろげながらわかる時代となります。弥生時代について少し復習です。弥生時代の特徴は稲作を中心とした定住生活です。さらに、あちこちで争いが起き、村が段々と大きな村となり、最終的にクニを形成する時代です。いままで、動物にしか向けられていなかった槍や弓が、人間に向かって使用されるようになった時代でもあります。

年代としては紀元前八百年ごろから弥生時代になったという説が有力です。今から二千八百年ほど前ということになるでしょう。

先ほど紹介した新方遺跡の報告書から、縄文時代から弥生時代にかけて、私たちの祖先がどのような人々なのかが明らかになってきました[46]。特に注目されるのは発掘された十三体もの人骨です。それら出土した人骨のうち1号・2号・3号・12号・13号の五体に石鏃《せきぞく》が伴い、どうも戦闘かなにかで、弓矢で石鏃を撃ち込まれて死亡したようです。

1号・2号・3号人骨は土葬墓とされていますが、3号墓は木棺の痕跡が確認されています[47]。12号・13号は木棺内より発掘されていますから、全ての人骨が木棺に収められていた可能性もあります。1号・2号人骨はうつ伏せで体を伸ばした状態、3号は仰向けで体を伸ばした状態、12号はうつ伏せで埋葬されていましたが、左腕と両足が意図的に折り曲げられたような状態です。13号は仰向けで体を丸めた屈葬という形ですが、やはり膝が強く折り曲げられており、木棺に収められた時に、無理矢理曲げられたのではないかと推測されています。また、12号と13号には頭部に水銀朱が残っていました。

これら石鏃を伴った人骨は皆男性で、年齢も二十五歳から四十歳ぐらいです。しかも、3号人骨にいたっては十七個もの石鏃が射込まれていました。

これらの人骨で最も注目されたポイントの一つが1号・2号人骨に抜歯が見られたことです。犬歯を抜歯するのは縄文人の風習とされているからです。骨からうかがえる人体の特徴も、多くの点で縄文人の特徴を備えているようです。

1号と2号人骨は幼少期に栄養失調状態を経験していることもわかっています。[48] 12号人骨と13号人骨の人骨コラーゲンと食資源の同位体分析では、資料が十分ではなく不正確ながらも、植物資源の利用が高く、それも耕作されたものではなく、自然植物の利用を伺わせるものでした。[49]

動物遺存体は、イノシシ、ニホンジカで全体のほぼ九十パーセント以上を占めますが、体長四十センチメートル以上、大きなものは一メートル近いマダイの骨も発見されています。米だけではなく、さまざまなものを食べていたことがわかります。[50]

近隣にある玉津田中遺跡では、細かく区分けされた水田が発見されており、新方遺跡もふくめて、弥生時代早期の遺跡群であることははっきりしています。しかし、新方遺跡から発掘された人骨は、縄文時代的な骨格や風習を持っていました。縄文時代から弥生時代への移行というのは、朝鮮半島から渡ってきた弥生人によって先住民族である縄文人が駆逐されていった時代だと見られていましたが、実際には縄文人が稲作をおこない、縄文時代からの風習を守りながら生活していたということがわかったのです。

玉津田中遺跡からも、規模の大きい方形周溝墓の構内埋葬の人骨に銅剣が突き刺さった状態で検出されていることから、[51] これらの地区では盛んに戦闘がおこなわれていたと考えられ、新方遺跡から発見された人骨の多くに石鏃が刺さっていたこともそれを証明しています。

舞子東石カ谷遺跡の住居跡から屋根に土盛りされた跡が見つかっていることから、弥生時代の住居は、よく復元されているような藁葺きではなく、その上に土がかぶせられていたのではないかといわれるようになっています。[52] この舞子東石カ谷遺跡や伊川谷町にある池上口ノ池遺跡、さらに上脇にある環濠のある表山遺跡でも、焼失したと思われる住居跡が多く発見され、当時の争いが焼き討ちを含めた激しいものだったと想像されます。[53]

新方遺跡の人骨の成分から、耕作以外の自然植物の利用が指摘されていますが、大量の蛸壺も発見されており、[54] 稲作だけに頼らない幅広い資源を活用していたと思われます。ただ、栄養失調を経験していることから、必ずしも常に十分な食糧が確保されていたわけではなかったようです。それが争いを生む原因の一つだと考えられます。

稲作を始めるようになり、定住生活を営むようになると、もしなんらかの原因で米の不作の年が続いた場合、自然植物からの栄養摂取を余儀なくされます。定住し、米の栽培によって大量の食料が作られていると、人口も増えていると考えられるので、そういう状況では突然の天災には太刀打ちできないのです。縄文時代なら、食糧を求めて自由に移動できますが、すでに定住している私たちは移動しようにも、別の良い場所は他の人々によって占有されている可能性があります。また、村人の中から誰が移動するのかとか新たな土地の開発の苦労を考えると、なかなか難しかったと思われます。それらの要因が近隣の村との争いに発展したのかもしれません。弥生時代の人間にもかかわらず、子どものころに栄養失調を経験し、栽培植物よりも自然植物を多く食べていた痕跡のある新方遺跡の人骨がそれらを物語っているのではないでしょうか。

春成秀爾は「明石原人から縄文時代の明石」[55]で、縄文時代の大歳山遺跡では住居が五、六棟たち数家族からなる二十人前後の人間が住んでいたと推定しています。おそらく一つの家にひと家族、四人ほどが住んでいたと考えたのでしょう。博物館でよく見かける復元模型のような、竪穴式住居に皮の腰巻きをした男性と女性、子ども二人という感じでしょうか。

弥生時代の玉津田中遺跡では竪穴住居址は百四十九棟検出され、前期前半六棟、中期八十一棟、後期から終末期十八棟となっています。[56]城カ谷遺跡では六十二棟の竪穴建物が検出され、本来は百棟近い建物があったのではないかと想定されています。[57]

これらの人はどのような関係にあったのでしょうか。

田中良之は『骨が語る古代の家族』[58]で、縄文時代から古墳時代の家族について考察しました。田中の画期的な研究は人間の歯の形状が遺伝するというもので、親子では歯の形状が同じになる可能性が高く、したがってキョウダイも歯の形は同じようになるそうです（歯冠測定値による血縁者推定法）。ただ、それがイトコになるとあまり共通性がなくなり、したがって親子関係がわかり、しかも、人骨では歯が残ることが多く、古い人骨の親族関係を明らかにするにはちょうど良い資料となるのです。

歯に関してはもう一つ、縄文時代の習俗として抜歯がありました。抜歯には上顎の犬歯を二本抜いた後に、下顎の犬歯も抜いてしまう「2C系」と、下顎は切歯4本を抜く「4I系」の二種類があります。同じ遺跡からこの二つの系統の骨が出土していることから、なんらかの識別的意味があると考えられます。新方遺跡の人骨は弥生人ですが、縄文人の風習的抜歯では「2C系」ということとなります。

岡山県笠岡市の津雲貝塚では、男性同士にも、女性同士にも血縁関係のあることが確かめられました。つまり、女性が嫁入りしてきた場合には男性同士に血縁関係が見られても、女性同士で血縁関係となるペアが少なくなるはずだと考えるのです。したがって、女性同士に血縁関係があるということは、母娘、姉妹が一緒に暮らしていたということです[59]。

また、抜歯形式では「4I系」同士、「2C系」同士では血縁関係が認められるのに対して、「4I系」と「2C系」との間には血縁関係が認められなかったのです。つまり、習慣的抜歯というのは同じ村に住む二つのグループだということです。そして「4I系」と「2C系」の間には親子やキョウダイの関係がないということです。それを田中はいくつかの家族が集まった社会が二つのグループに分かれ、お互い婚姻関係を結んでいたのではないかと推測しました。一つの村に、甲と乙のグループ、半族に分かれ、同じ半族内では婚姻関係を結ばず、甲は必ず乙の人間と結婚し、乙は必ず甲の人間と結婚したと考え、抜歯系統はその甲と乙の所属を示しているのだというのです[60]。

❖弥生時代の家族のかたち

さらに、弥生時代終末期の福岡県行橋市前田山遺跡は男女のペアで埋葬されていたとみられ、歯の測定値からそれぞれが血縁関係だったと考えられます。これら男女のペアは夫婦ではなく、キョウダイのペアで埋葬されたと考えられるのです。しかも、彼らは特に選ばれた人々だと考えられています。埋葬方法の差については、新方遺跡でもみられました。

○まとめ

田中良之は縄文時代から弥生時代への変化は、バンド社会から部族社会へと集団を大きくし、さらに社会構造を複雑化していった時代だとします。また、縄文人が朝鮮半島から入ってきた人々を、争うことなく受け入れたのも、こうした父系や母系という一つの系統にとらわれない、自由度のたかい双系社会であったことが関係しているのではないかというのです。

キョウダイが同じ墓に収められ、母と娘や姉妹が共に暮らしていたということは、今まで、当たり前のようにみてきた竪穴式住居で暮らしている成人男性と成人女性、そしてその周りで遊んでいる子どもたちの博物館の展示ですが、ひょっとすると、兄と妹、そして妹の子どもたちかもしれないのです。いや、姉と弟、そして、弟の子どもたちかもしれませんが。

新方遺跡の12号と13号人骨は木棺に収められ、頭部に水銀朱が検出される特別の方法で埋葬され、12号人骨の指には六つの鹿角製指輪がはめられていた[61]ことから、この時代にはすでに身分格差が見られるのです。

いくつかの「家族」といっても、その「家族」は夫婦とその子どもたちとは限らないのです。そうした「家族」がいくつかあつまって、バンドを形成し、さらに部族社会を作り上げていくと考えられています。しかし、本当にそうでしょうか。これからも新しい分析方法が開発されて、十年後、二十年後には、皆さんの常識が全く通用しなくなるかもしれません。

❖弥生時代の家族のかたち

古墳時代の家族のかたち

辻村純代は「東中国地方における箱式石棺の同棺複数埋葬」[62]で、箱式石棺は弥生時代から古墳時代を通じて広く採用された埋葬施設で、木棺などに比べて人骨の保存には適しており、被葬者の数を知ることは比較的容易だとします。東中国地方とその周辺部に分布する前期箱式石棺には、一つの石棺内に複数の人物を埋葬する傾向がとりわけ顕著で、岡山県では複数埋葬の頻度がほぼ半分程度あるとしたうえで、箱式石棺六十基のうち二体埋葬が最も多く、ほぼ七十七パーセントを占めるといいます。年齢別の組み合わせでは成人同士が最も多く約六十パーセントとなります。また、成人と未成人の組み合わせは八例で十三パーセントですが、四歳までの子どもは単独で埋葬され、成人と合葬されるのは五歳から二十歳です。興味深いのは男性と未成人との合葬はなく、未成人との合葬は全て、女性との合葬です。この傾向は縄文時代からあり、春成秀爾の論文を引用して、縄文時代後、晩期からは十例の女性と未成人の合葬墓が報告され、初生児、乳児がそれぞれ一例、幼児と小児がそれぞれ四例あるとしています。

また、同棺複数埋葬では、同じ方向に頭を向ける並置と頭の方向が逆におかれる対置の二種類があり、この違いは二人の出自が同じなら並置、異なる出自なら対置ではないかとします。なぜなら成人男女各一人の同棺複数埋葬では対置が圧倒的に多く、同性同士、世代の異なる成人同士、成人女性と未成人の合葬に並置が多くみられることを理由に挙げています。つまり、夫婦で合葬されている場合は、その出自が異なることになり対置となり、キョウダイや親子で合葬される場合は出自が同じになるので並置になるのだと言うのです。

清家章は『埋葬から見た古墳時代』[63]で、近畿においても吉備においても、「一つの古墳、一つの石棺に埋葬された被葬者はキョウダイあるいは親子の血縁者であったのだ。」としています。さらに、「後期から終末期になるとキョウダイ原理に加え、キョウダイのいずれかの子どもが埋葬される事例が目立つ点は、後期における埋葬原理の変化としてみておいてよいであろう。」としますが、そこで、例としてあがっている大正池南2号墳や法貴B1は母親とその性別不明未成年者との合葬です。ついで、清家は辻村の説を紹介しながらも、岩間岩陰遺跡では、成人男性と幼児の同棺複数埋葬がおこなわれており、成人と未成人との合葬が必ずしも、母と子という対ではないことを指摘しています。しかし、この岩間岩陰遺跡第一号石室は「遺跡の中央にあって、最も丁寧に埋葬施設が作られており、副葬品も多い。」とあり、埋葬されている成人男性は鹿角装の鉄剣が体に沿って副葬されていたとします。同じように合葬されている幼児骨にも鹿角装の短剣が副葬されており、「成人男性と同じく鹿角装鉄剣を持つ幼児は未成人の中でもかなり特別な存在である。……中略……。武器副葬が男性に多いということを根拠にしてよければ、幼児骨は男児であり、集団の有力者であった男性の跡継ぎとして期待されていた男児だったのではなかろうか。」としています。

もともと、男女一組の人骨が同じ墓穴から発見された場合は夫婦が合葬されたものと考えられていました。しかし、実際には男女一組で埋葬されることはまれで、男性二人女性二人、男性二人女性一人、男性一人女性一人子ども一人など、様々な組み合わせがあります。それらは同時に埋葬されたものではなく、次々に追葬されたものであり、死亡年齢がほぼ同じであったとしても、埋葬された時間に差があれば、親子の可能性もあります。また、年齢が離れていてもやはり、埋葬された時間に差があれば、夫婦やキョウダイの可能性があります。つまり、発掘された二人の遺体の死亡年代が三十歳前後であったとしても、埋葬された時間に二十年近くのずれがあったなら二人の年齢差は二十年ほどとなりますし、一人が二十歳前後で死亡し、もう一人が四十歳前後で死亡していても埋葬された時間に二十年ほどの差があれば、二人の生まれた年齢は近く、キョウダイや夫婦だと考えられるのです。

田中良之は、こうした年齢差も考慮に入れて、歯冠測定値による血縁者推定法で分析した結果、大分県の上ノ原横穴墓群は家長とその子どもたちが一つの墓に葬られているという結果になったのです。[64]また、清家章も田中の分析と自己の分析をあわせ、古墳時代前期から中期にかけての西日本の古墳はキョウダイを中心とする血縁者が同じ古墳に埋葬されていたとします。[65]そしてこれらの分析から、合葬者の関係を次のように推察します。

子どもの一人が新たに家長になると隣に新しい墓を掘って埋葬し、一つの墓に葬られるのは家長と次の家長を含まない子どもたちです。最初に葬られるのは基本的には男性で、鉄剣などが副葬される例が多く見られます。

四～五世紀では同じ墓に埋葬されるのは父とその子どもたちとなり、母や妻はその実家の墓に埋葬されることになります。また、新たに家長となった人物は新しく墓を造営します。

◯　まとめ

田中良之は家族のかたちについて、同じ墓に誰が葬られているかということから、次頁の図のように結論づけています。つまり、同じ墓には、最初は血縁関係のあるキョウダイが合葬され、それが家長とその子どもたちとなり、そして家長夫婦とその子どもたちとが共に葬られるように変化したというのです。

ここで、私たちがまず気が付くべきことは、男女が同じ墓に埋められていたとしても、それが夫婦とは限らないということです。家族の核をなすのは血縁関係だということです。夫婦の繋がりよりも、血のつながりです。今風に言うと、愛情よりも遺伝子によるつながりが重要視されたということです。

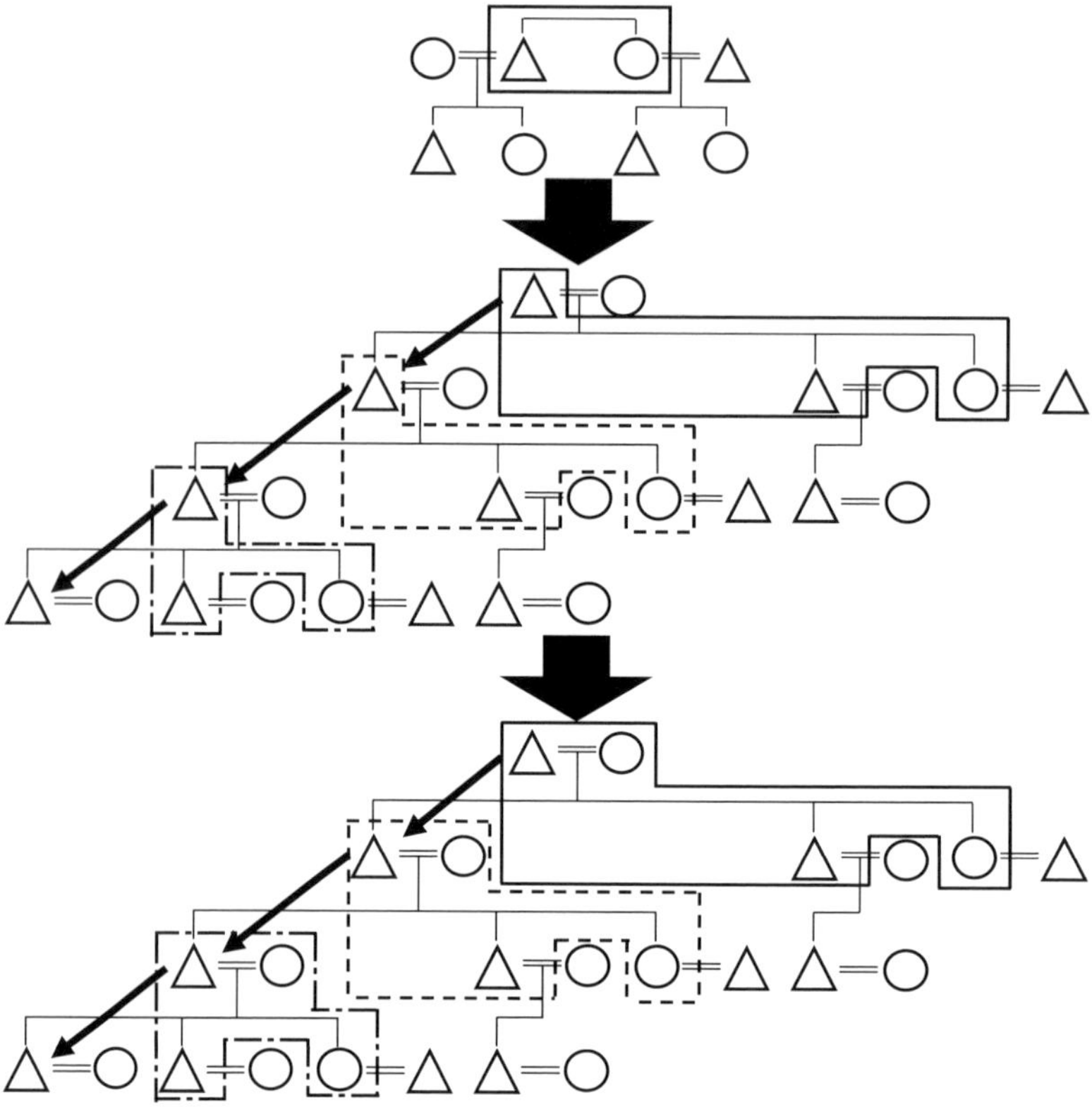

（最初が実線□で囲まれた人々で、次が破線□で囲まれた人々、その次が一点鎖線□で囲まれた人々というふうに合葬される構成員が変化します。）

言葉や文字からわかる家族のかたち

今まで見てきた家族のかたちは、遺伝子を中心とした血縁関係によるものです。しかし、家族というのは血縁関係だけで成り立つものではありません。家族の核となる夫婦自体血縁関係があるわけではなく、おそらく何百万年も前から近親相姦を忌避してきた私たちは、血縁関係を気にしながらも安心できるメンバーで家族を構成してきたと考えられます。

私たちは文字を発明すると、家族の血縁関係について文字資料を残すようになります。しかし、文字よりも先に言葉を使用しており、その言葉を記録するために文字が発明されたと考えられます。あるものを別のものに置き換えて、認識するようになったのです。

最近、ユヴァル・ノア・ハラリという人が『サピエンス全史』[66]で、認知革命という考え方を発表しました。七万年ほど前に、ホモ・サピエンスは二度目のアフリカからの脱出を果たします（この辺の年代は諸説あり、まだ定説はありません）。そして、コミュニケーション能力を駆使することによって、多くの人々と協力し合うことができたと言われています。しかし、集団で協力し合いながら生きている生き物は、ホモ・サピエンス以外にもいくらでもいるわけです。そこで、それらの動物とホモ・サピエンスはどこが違うのかというと、ハラりは、ホモ・サピエンスは虚構を作り上げることができると言うのです。例えば、神の存在や、神話といったある種の想像を多くの人間が信じることで、ひとつの目的に向かって協力することができると言うのです。そしてそれは、物語を作る能力によって可能になったと言います。

その認知革命を私なりに説明します。

以前、ロールス・ロイスという高級車がありました。一九〇六年にイギリスで設立され、航空機用エンジンや自動車を作る会社として始まったのです。

世界中の王侯貴族や富豪の憧れの車となり、日本では大正天皇の御料車となっています。この車には次のような都市伝説があります。

あるアラブの富豪が砂漠でこの車を運転していたところ、エンジントラブルで動かなくなりました。その富豪は早速、イギリスのロールスロイス社に電話をしたそうです。すると、数時間後にヘリコプターがやってきて、目の前でそのロールスロイスを修理して、飛び去りました。アラブの富豪は車の修理代を払うために、ロールスロイス社に問い合わせると、そんなことは知らない、と言ったそうです。つまりロールス・ロイス社の車はそんなことで故障するはずがない、と言うのです。

これは、多くの人たちが、ロールス・ロイスの性能とサービスの良さを信頼していたからこそ、広がった都市伝説です。もちろんそんなことはあり得ないのですが、聞いた時にはさすがロールスロイスだ、となるわけです。これが、認知革命によって手に入れた私たちホモ・サピエンスの能力です。

ユヴァル・ノア・ハラリは、『サピエンス全史』で、サピエンスは約七万年前に認知能力を手に入れたとします。そして、創作、記憶、学習、コミュニケーション能力を手に入れ、虚構と現実の二重生活が始まったと言うのです。

この認知機能を手に入れたことが、多くのホミニドの中でも私たちホモ・サピエンスだけがこの地球上に生き残れた大きな要素の一つだと考えられます。また、私たちの脳の持っている能力では、百五十人以上の集団を維持することはできませんが、認知能力を手に入れたことで、百五十人以上の人間で組織される社会を作り出すことができるようになり、またその社会を維持することができるようになったことは、最終的には国家を作り出すために必要な能力を得たことになるのです。

しかし、前述のようにアラン・S・ミラー、サトシ・カナザワは、ヒトの脳はサバンナで生活していた時からあまり進化していないと言います。[67] それが本当なら、私たちの脳はホモ・サピエンスに進化したときから、何ら変わっていないことになります。つまり、認知革命はヒトが進化したからではなく、進化したときに手に入れた能力を様々に進歩させて、認知能力や想像力、信頼などを生み出したということになります。

私は認知革命は想像力をもたらし、私たちはその想像力を活用することを学んだと思うのです。私たちは同時に言葉も手に入れています。例えば、動物の名前や植物の名前、その名前を言っただけで、それがどのような生き物かわかります。

❖言葉や文字からわかる家族のかたち

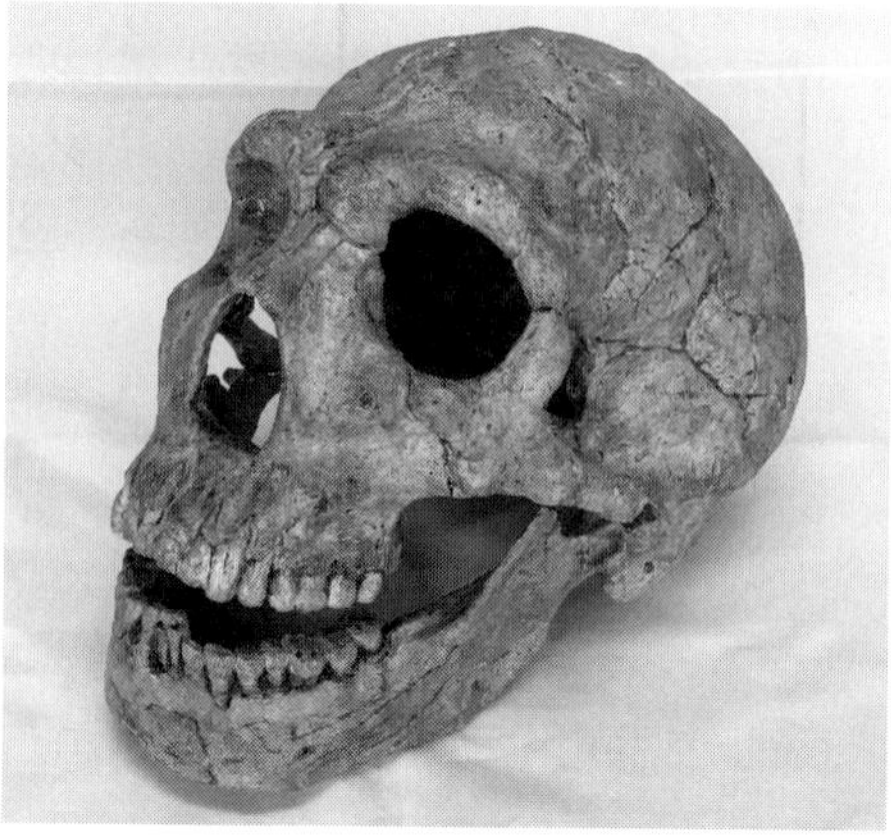

ネアンデルタール人　早木仁成研究室所蔵模型

ネアンデルタール人は言葉を持っていなかったと考えられています。[68] つまり、あるものを別のものに置き換えて表すということができなかったということです。

たしか、エジプトの物語だと思うのですが、次のような面白い話をきいたことがあります。

ある村のはずれに、森があり、そこに恐ろしい生き物が住んでいると言われていました。村人たちは、その恐ろしい生き物が怖くて、森に近づこうとしません。

そこに旅人がやってきて、その話を村人から聞きます。そこで、その旅人はその森にその恐ろしいという生き物を見に行きました。そして、森から帰ってくると、村人に「あれは、恐ろしくともなんともないよ。ただのライオンじゃないか、ライオンという動物だよ」と、教えるのです。それから、森に住む恐ろしい生き物にライオンという名前があることを知った村人は、もう恐れることも無くなり、そのライオンという動物は、人々によって狩られるようになった。

というものです。つまり、言葉というものによって、得体の知れないものの正体が暴かれ、私たちの想像力に歯止めをかけたのです。何か恐ろしい生き物という言葉からは、よくわからない恐ろしいものということで、恐怖の対象になりますが、一旦、ライオンという名前を知ってしまう、もしくは名前をつけてしまうことで、それは具体的なものとなって私たちに伝えられ、もう恐怖の対象とはならないのです。この物語も言葉の役割をよく表していると思います。

言葉を使用し始めた私たちは、おそらく初期のうちに家族関係を示す、父や母などの言葉を作り出し、同じ集団で暮らす人々の間で共有したと考えられます。その人間とどのような血縁関係にあるかということは近親相姦の忌避につながり、自己がつながうことのできる相手を浮かび上がらせるからです。

最も早くに文字を発明したのは中国です。ただ、文字を発明する前に言葉を発達させていたことは確実な事実で、その言葉を記録するために文字ができたのです。したがって文字で記録されている言葉は文字が発明される以前から存在していることを忘れてはなりません。

◯ 殷（商）王朝の家族のかたち

殷王朝の滅亡が紀元前一〇二三年ごろと言われていますから、日本では縄文時代が終焉し弥生時代が始まるころに当たります。

殷文化を象徴するものに甲骨文があります。占いに用いた亀甲獣骨に刻した文で、卜辞・契文とも言われています。それらは、殷の滅亡した紀元前一〇二三年から二百数十年前までさかのぼることができます。つまり、日本の弥生時代の少し前、縄文時代晩期の中国の家族のかたちが、甲骨文字という文字で記されていることになります。

張光直は、夏・商（殷）・周を青銅時代とし、一つの時代的特徴を青銅器によって象徴しようとします。[69] この時代区分は、私たちがすでに学んできたように、石器時代、青銅器時代、鉄器時代という、ものによる時代区分の方法を利用したものです。張光直はこの時代の特徴について、昭穆《しょうぼく》制度・宗法制度・封建制度という三つの制度をあげていますが、ここで重要なことは昭穆制度ですので、昭穆制度について簡単に説明します。

王が国を治め、王族を形成しているとします。この王族は王と王位継承資格者、王位継承資格者の直系親族である男性と、その配偶者から成っています。彼らは内婚制をとっており、いくつかの氏族で王位継承資格者を生み出し、王位を輪番で継承させていました。それは二つの中心的な単位に分属され、それが反映して昭穆制度になったというのです。そして太祖廟の左側（つまり東側）が昭廟であり、太祖廟から見て右側（つまり西側）が穆廟であり、同じ廟の中で昭と穆の二つの祖先を祭っていると説明します。

つまり、今まで何度か述べてきた半族同士のような関係です。二つのイエがお互いに婚姻関係を結んでいたと考えるのです。

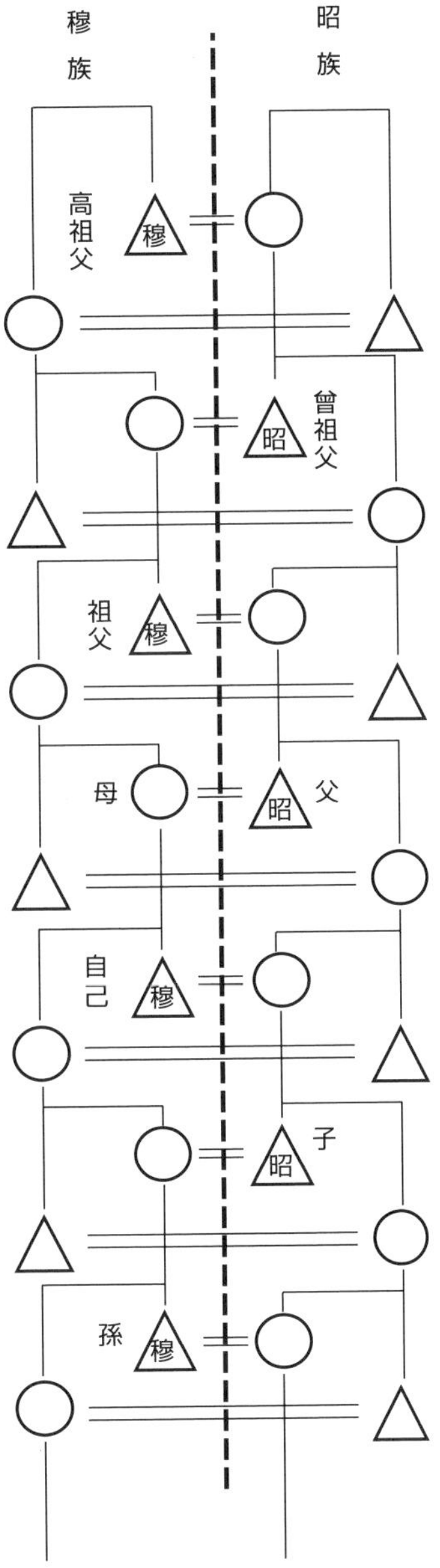

先ほど、甲骨文字について説明しましたが、この甲骨文によってその殷時代の王の諡（死後につけられる名前）が判明しています。そして、のちに司馬遷が書いた『史記』という歴史書に書かれている殷王朝の王の名前と順序がほぼ間違いないことが確認されており、これらの王の名前を次頁のように並べることができます。

張光直は、これらの王の名前が干支とよばれる十干十二支の十干によって構成されていることに注目しました。

十干とは、甲《こう》、乙《おつ》、丙《へい》、丁《てい》、戊《ぼ》、己《き》、庚《こう》、辛《しん》、壬《じん》、癸《き》です。

後には、十干十二支で年も表し、六十年で一周期を迎え、日本ではそれを暦が還るという意味で、還暦と言ったりします。

❖言葉や文字からわかる家族のかたち

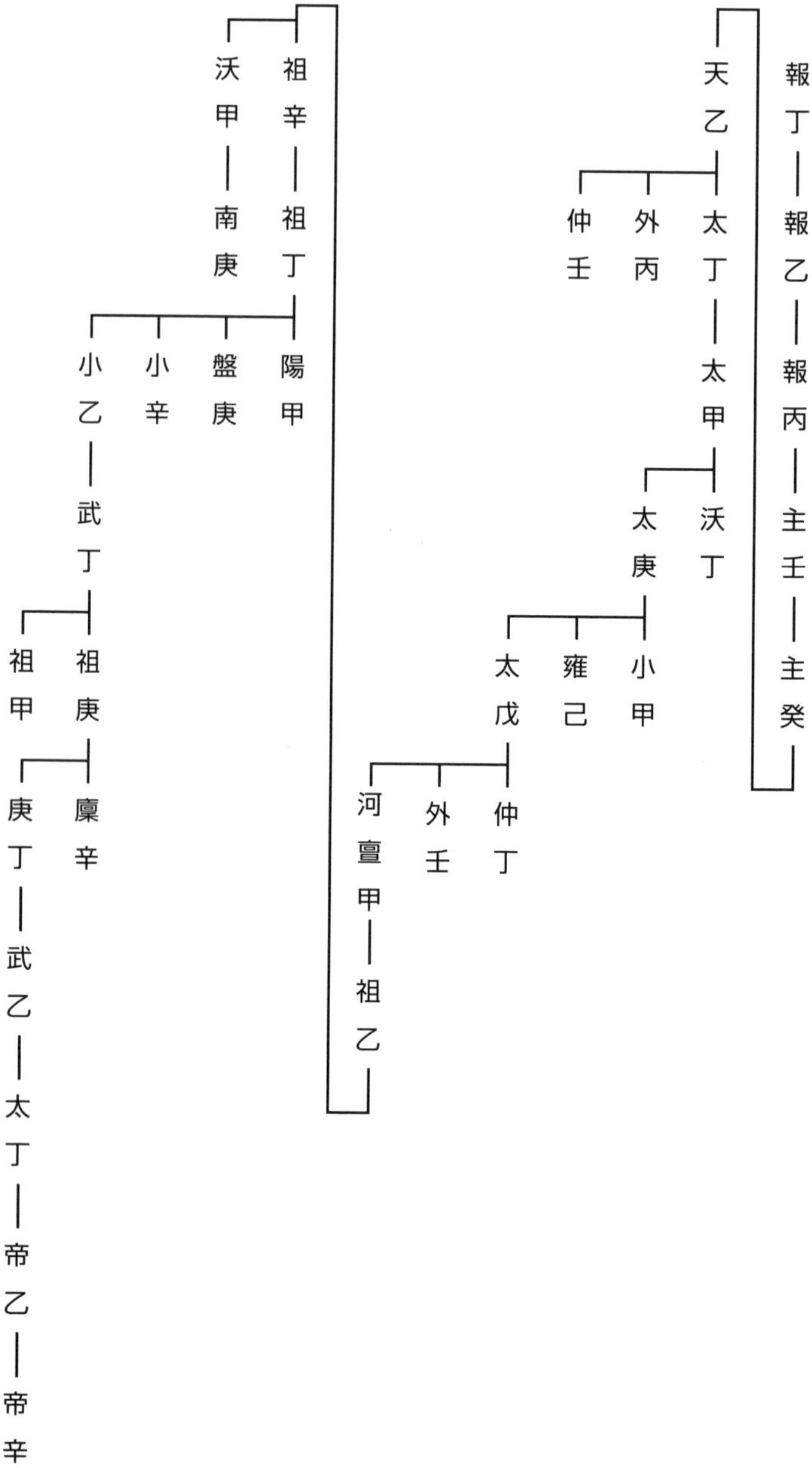
報丁
報乙
報丙
主壬
主癸
天乙
太丁
外丙
仲壬
太甲
沃丁
太庚
小甲
雍己
太戊
仲丁
外壬
河亶甲
祖乙
祖辛
沃甲
祖丁
南庚
陽甲
盤庚
小辛
小乙
武丁
祖庚
祖甲
廩辛
庚丁
武乙
太丁
帝乙
帝辛

張光直はこれら王の名前に使われている十干に、偏りがあることに気がつきました。殷王の世系中にあらわれる頻度は平均しておらず、三十六人の王の内、甲・乙・丁三つの名を持つものが二十一例になることを発見したのです。単純に計算すると、王の人数三十六を十干の十で割るわけですから、平均三人から四人で、そのうちの三つの名前ですから、甲・乙・丁の三つの名をもつ王を全て足しても九人から十二人になるはずです。それが、倍近い二十人になるということは、明らかに統計学的に不自然な数です。つまり、これら王の名前の付け方には、何か人為的なものが読みとれると考えたのです。そこで、天乙から祖乙までと、祖丁から帝乙までを取り上げてみます。

天乙―太丁―太甲―沃丁―小甲―仲丁―祖乙（祖乙と仲丁は卜辞によって改正。）

祖丁―小乙―武丁―祖甲―康丁―武乙―太丁―帝乙

この二カ所は丁と甲・乙がほぼ交互に並んでいます。これを丁＝Aに、乙と甲＝Bに置き換えると、

B―A―B―A―B―A―B

A―B―A―B―A―B―A―B

と図式化されるのです。そこで張光直は、この法則性から殷王朝が父方交差イトコ婚（父の姉妹の子どもとの結婚）をおこなっていたのではないかと推測しました。

張光直の理論を説明する前に、交差イトコ婚について説明しておきたいと思います。二つのイエが一つの村

を形成した場合、それぞれのイエが半族と呼ばれることになります。この二つのイエ同士で婚姻を重ねると、上図のようになります（△が男性を○が女性を示し、＝が婚姻関係、実線が血縁関係を示します）。交差イトコ婚というのは、自己の父の姉妹の子ども、もしくは母の兄弟の子どもと結婚することです。お互いのイエどうし、女性を交換することで、近親婚を避けながら村を維持していこうとするものです。クロード・レヴィ＝ストロースは「第8章　縁組と出自」で、

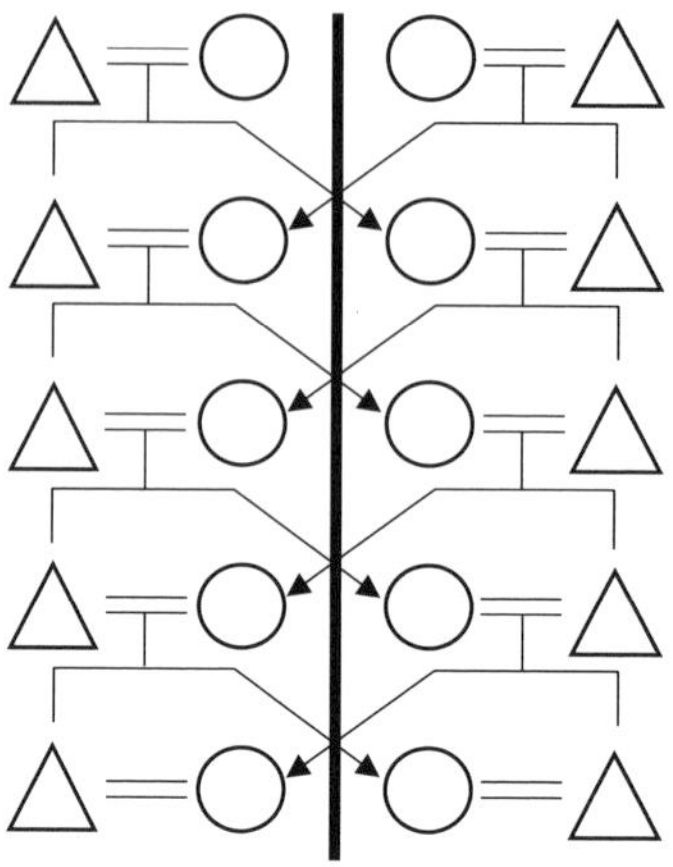

双分組織がもっとも明示的な形で現れるときの付随現象の研究に戻ろう。出自様式が母系であるか父系であるかを問わず、父の兄弟の子どもたちと母の姉妹の子どもたちは、主体と同じ半族のもとに置かれ、逆に父の姉妹の子どもたちと母の兄弟の子どもたちは、つねにもう一方の半族に属す。ゆえに外婚体系では、後者の子どもたちが〔主体にとって〕結婚可能な最初の傍系親族である。このめだった特徴はいくつかの現れ方をする。まず、父の兄弟か母の姉妹から出生したイトコたちは、兄弟と姉妹とが結婚できないのと同じ理由で（同一半族への帰属）、兄弟姉妹と同じ名称によって指示される。次に、母の兄弟か父の

姉妹から出生したイトコたちは〔主体とは〕反対の半族に属し、特別な名称か、「夫」または「妻」を文字どおり意味する名称によって指示される。言うまでもなく、これらのイトコの属す区分から〔主体の〕配偶者が選ばれなくてならないからである。最後に、父の兄弟と母の姉妹は、その子どもたちが「兄弟」「姉妹」と呼ばれるので「父」「母」と呼ばれ、逆に母の兄弟と父の姉妹はその子どもたちが〔主体にとっての〕潜在的配偶者なので特別な名称か、「義父」または「義母」を文字どおり意味する名称で呼ばれる。[70]

と述べています。要するに、村が二つの半族に分けられる時（双分組織）、自己（主体・エゴ）が男性なら、父の兄弟の娘、もしくは母の姉妹の娘という平行イトコは、自己と同じ半族に属することになるので、父の姉妹の娘、もしくは母の兄弟の娘が結婚対象になるということです。そして、このような交差イトコ婚は、全世界の各地に広がっていると言います。[71]

張光直はこの理論を殷王朝に当てはめてみました。つまり、半族同士で女性を交換していたのではないかと考えたのです。

そして、十干はその出自をあらわしているのではないかと仮定しました。それでは、その張光直の説を図を参照しながら解説します。この甲・丁という十干が出自を表しており、父方交差イトコ婚をおこなっていたと仮定します。そして、氏族の中でもこの甲族と丁族が特に高貴とみなされており、王になるものはこの甲と丁

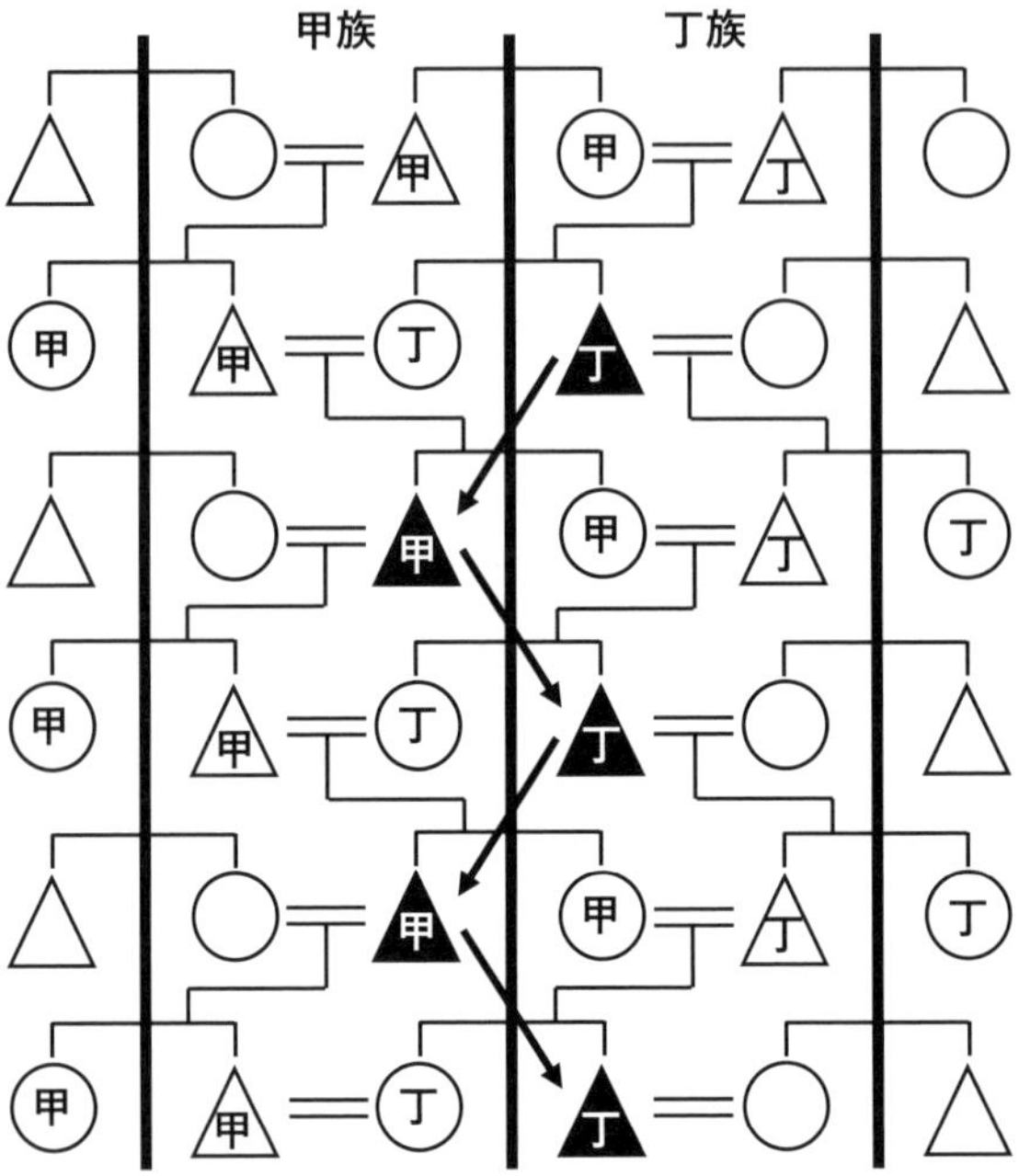

の血を引いているものでなければならないとします。

図の二段目から始めます。丁族の女性が丁家から甲家に嫁ぎ、男の子▲甲が生まれました。この男性は甲族の男性を父とし、丁族の女性を母としているので、丁族と甲族の両方の血筋を受け継いでいますから、王としてふさわしい男子ということになります。ところがこの男性にとって父方交差イトコにあたる父の姉妹の娘は結婚相手にはなりません。なぜなら、自己の父親の姉妹の娘が丁家に嫁いでいれば、その娘の祖父は自己の祖父と重なってしまいます。それは自己の母親の兄弟の妻になっているということです。図で言うと、自己の父親の姉妹（二段目左端の○甲）が自己の母親の兄弟の丁（二段目▲丁）に嫁ぐということです。

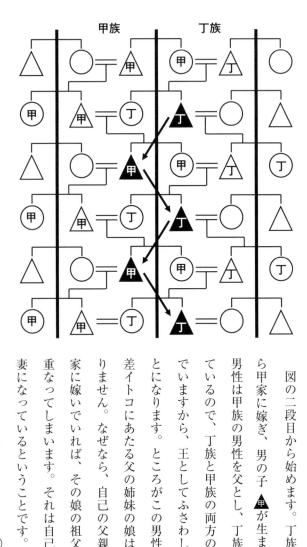

するとその娘（三段目右端㋣）の母親の父親は甲族となり、祖父（図の一段目の△甲）の代で自己と系譜がつながってしまうのです。そこで、自己はしかたなく自己とは系譜のつながらない別の家から妻を娶ります。自己と妻との間にできた子どもは、甲族の血筋ですが、母親は違います。ですのでできた子どもが男の子（四段目△甲）であっても王位に就くことはできません。しかし、この男の子は丁家から妻をもらうことができます。図でわかるようにこの女性（四段目㋣）を父系で遡っていく限り甲家とは結びつかないのです。そして、息子甲と、丁から迎えた女性（四段目㋣）との間に生まれた男の子は甲族の父親と丁族の母親を持つわけですから、甲と丁の両方の血を受け継いでいるので王になれるのです。つまり一代おきに甲家に王位が回ってくるのですが、抜けている代はどうなるかと言うと、自己の姉妹が丁家に嫁に行き、男子を生んだ場合、その男の子（四段目△丁）は甲族の血を継ぐ母親と丁族の血を引く父親の子どもですから、血筋としては問題なく、王位につくことができるのです。しかし、家は丁家ですから王位は丁家に移されます。このように考えると、甲家と丁家が交互に王を出すことになり、王の名前が一代ごとに交代することになるのです。

張光直は交差イトコ婚の理論を使って系譜の謎を解きあかしました。二つの重要な家柄があり、交差イトコ婚をしていた場合には、二つの家柄が交互に王を出すことになるというのです。そして、殷王朝が廟を右と左の二列に分けて祀る昭穆制度は、まさにこの二つの家柄を象徴しているのだとするのです。

もちろんこれは推測の域を出ません。三千年以上前の記録が残した暗号を推測を頼りに読み取ったものです。

❖言葉や文字からわかる家族のかたち

張光直の理論は、王の名前に出自を示す記号があり、その記号が交互に出てくるという特徴を捉えて、父方交差イトコ婚・父名継承・父方居住・夫婦同居を想定しました。しかし、この図では王権が甲・乙家と丁家と間で世代ごとに交互に移動することになります。つまり、王の名前が変わるのと同時に、王の所属するイエが替わることになるのです。しかし、祖先を祀る宗廟には昭穆二つのイエが共に祀られており、二つの王統が交互に王権を握ったようには見えません。そこで、同じ理論を利用して、交互に記号が現れ、しかもそれが一つのイエの中で完結するような機能はないか考えました。実は、いくつかの可能性があるのですが、父方交差イトコ婚をおこない、王を出すイエを一つとして、王権が他の家に移らないと想定した場合は、この甲・乙、丁を王自身の出自ではなく、王の母の出自だとすると、王の母の出自は世代ごとに入れ替わりますが、王権を他の家に移す必要はなくなるのです（上図参照）。

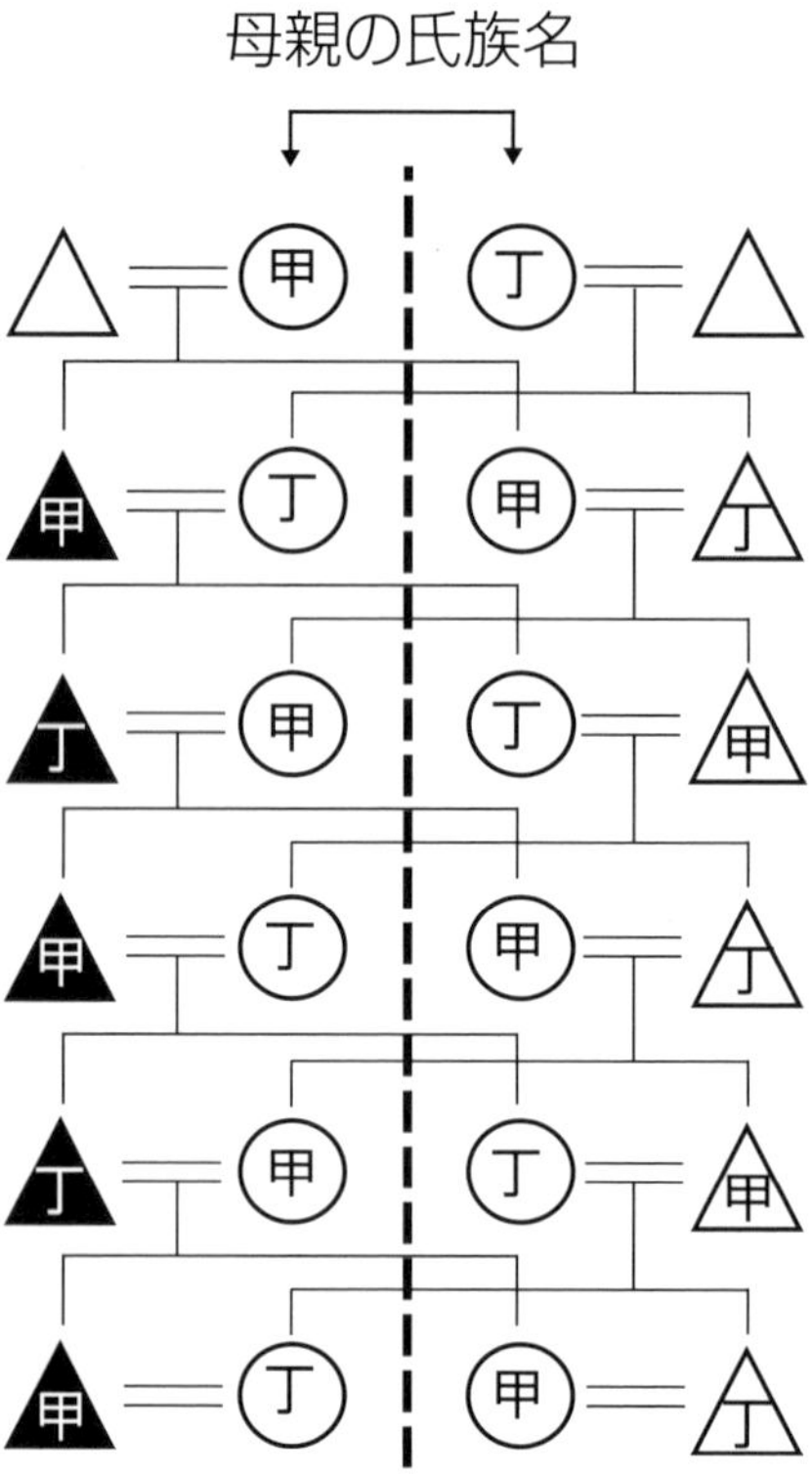

殷の王族の氏は「子」でありこれ

は周知の事実ですから、死後の諱にわざわざ自己の出自を示す必要はありません。それよりも自己の母の出自を示す方が合理的ではないでしょうか。

白川静はこの張光直の説を引用しながらも、殷王朝で多く見られる兄弟相続が張光直の説明では説明し難いとしています。[72]

越智重明は「春秋時代の兄弟集団」[73]で、春秋時代は氏族（宗族）が政治社会の基礎となっていたとし、この氏族制は兄弟集団を基礎にしており、祖先の祭祀は兄弟共同でおこなうべきものとされていたとします。ただ現実には長兄が中心となりますが、長兄が死亡すると次兄がこれに代わり、兄弟がいる限り子どもの世代・嫡孫に委ねられることはないというのです。つまり、殷王朝においても同じような発想で祖先崇拝や、王権の授受がおこなわれていた場合は、王の地位は長兄が死亡すれば次兄に、次いでその弟に受け渡され、その世代の男性が全て死亡した後に、次の世代に引き継がれていたと考えると、殷王朝で兄弟相続が多く見られる理由も理解できるのではないでしょうか。兄弟で王権を支え、その世代が死に絶えると次の世代に引き継がれ、その世代の長兄が王位に就くということです。しかも十干が母の出自を示しており、それら兄弟が同じイエに所属していれば、王位が別のイエに移動することもなく、同じイエの兄弟の中で年齢順に王位を継ぎ、その世代がいなくなったら次の世代の年長者に王位を移していけば、何の問題もなく、王位を一つの家で継いでいくこともできますし、兄弟で相続する意味も理解できます。

この時代の基本資料は甲骨文ですが、この甲骨文は占いの内容と結果を刻んで記録したものです。その文字を刻んだのは貞人と言われる専門の占い師集団で、白川静によると、王位の交替と共に貞人集団も全面的に交替しているそうです。[74]この理由もそれら貞人集団が王のイエと対になっている半族か、もしくは王の兄弟たちだと考えれば、問題なく理解できます。

こうした氏族制（兄弟集団制）は春秋中期ごろから崩壊しはじめ、戦国時代にはほぼ完全に崩壊するとします。[75]

この張光直より以前に、高群逸枝は昭穆制度と交差イトコ婚について、中国の漢代初期に成立したと言われる『爾雅』という本の「釈親」を使用して、それらを結びつけて考えています。つまり、交差イトコ婚では、自己（男性）の結婚相手は自己の母の兄弟の娘となるので、自己の妻の父は自己の母の兄弟となります。つまり、

「舅とは母の兄弟をいう」と規定しながら、さらに同時に、「舅とは妻の父をもいう」とあり、二つの身分が同一者に帰属していることである。それは「姑」の場合も同じであり、「甥」にいたっては六つの身分が同一者に重複して帰属しているのである。[76]

と説明しています。

胡士雲は「先秦漢語中的親属呼称系統」で、やはり『爾雅』の「釈親」から、「甥」について「父の姉妹の息子（自己より年上と年下）」、「妻の兄」、「妻の弟」、「姉の夫」、「妹の夫」、「娘の夫」の七種類の親族関係を示しているといいます。[77]

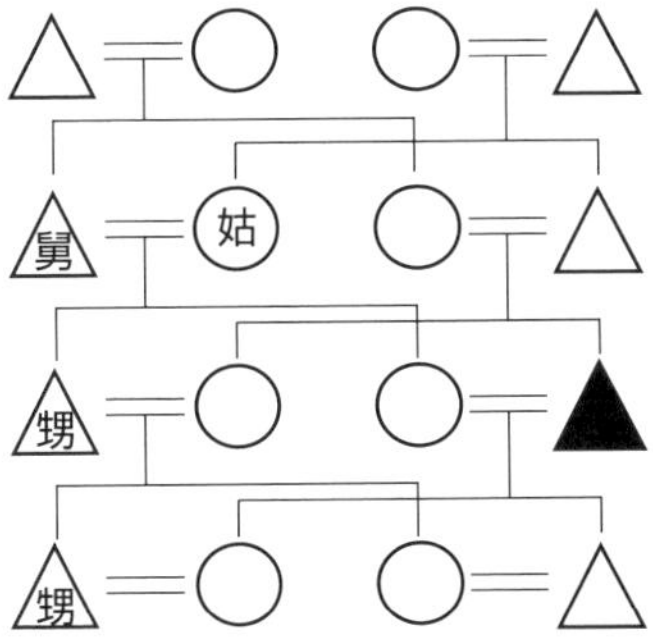

交差イトコ婚をする場合は、自己（男）の結婚相手は母の兄弟の娘か、父の姉妹の娘となりますが、二つのイエがお互いに婚姻関係を結んでいる場合は、自己の母の姉妹は基本的に、自己の父の兄弟のところに嫁いでおり、妻の兄や弟は、自己の姉妹を娶っていることになります。図のように自己の父の姉妹の娘は、同時に自己の母の兄弟の娘となりその女性が自己の妻となります。自己の妻の父は、自己の父の姉妹を娶っているわけですから、自己の父の姉妹の夫は自己の妻の父となり「舅」です。自己の姉妹は自己の父の姉妹の息子もしくは、自己の母の兄弟の息子と結婚し、それは自己の妻の兄弟にあたり、「父の姉妹の息子」も「自己の姉妹の夫」も「自己の妻の兄弟」も同じ人物を指す「甥」となります。つまり、舅や甥は自己や自己の兄弟、さらには自己の父や自己の息子が女性を娶るイエであり自己の母や自己の妻の実家となります。それは同時に、自己の姉妹や自己の娘、自己の父の姉妹である叔母たちが嫁いでいくイエでもあるのです。したがって、中国の秦漢以前の時代における舅や甥という親族の名称は、自己と交差イトコ婚によって結ばれる

イエの男性を指しているのです。ところが、漢代になると「舅」を指す人物は「妻の父」だけになります。「姑」も以前には「父親の姉妹」、「夫の母」さらに「妻の母」を指していましたが、秦漢時代には妻の母しか指さなくなっているとします。[78] つまり、秦漢時代よりも以前は親族名称から交差イトコ婚をおこなっていたことがわかりますが、秦漢時代になると親族名称に交差イトコ婚を示す機能がなくなっているのです。おそらく、秦漢時代より以前は、交差イトコ婚が一般的でしたが、漢代になると婚姻形態が変化し、その変化に合わせて親族名称も変化したのだと考えられます。

鈴木直美は秦代の木簡の中から戸籍様簡[79]を研究し、その特徴を述べています。それは、成年男子、成年女子、未成年男子、未成年女子、奴隷の順で記録され、男女、大小の別と血縁と奴隷の違いを示しており、奴隷も含めて、一つの戸として捉えられていました。その機能は男女と大小の別を明らかにし、戸内の夫（父）を中心にした単純家族の単位を分けることだとし、秦が各地を統一していく中で、それぞれの制度のもとにあったさまざまな形態の家族を、兵役、労役の候補者確定、人頭税の徴収を円滑におこなうためだとします。[80]

越智重明は漢代には、兄弟集団から父子集団へ移行し、国家は壮年の夫婦を中心とした父子集団を基本の家として想定していたとします。[81]

漢代になると木簡の出土などで資料が増え、より具体的な家族像が見えてきます。一般的な農民は四、五人ほどの単婚家族が「室」と呼ばれる小型家屋に居住し、それらがいくつかあつまって「同居」という家族形態を構成しており、国家はその「同居」を戸籍に登録していたようです。[82] しかし、これらは、国家が人々をどのように把握していたかがわかる戸籍の断片を中心に研究したものであり、実際のイエのかたちについてはなお不明な部分が多いのです。

飯尾秀幸は『中国史のなかの家族』[83] で、仰韶文化から漢代までの家族について概観し、秦代は、夫婦と子ども二人、男奴隷と未成年の女奴隷、犬一匹というのが想定された家族であり、それらが集まって里（集落）を形成していたと言います。里は血縁関係を中心としたいくつかの集団で形成されており、まだ国家権力が完全に浸透したとは言えず、国家は里単位で農民を把握していたと考えられます。家族のあり方に大きな変化をもたらしたのは秦に続く漢の時代で、貧富の差の拡大と豪族の出現が、婚姻単位としての家族の個別化を進行させたというのです。親族関係を持ついくつかの家族が、共同で営んでいた生活を豪族の出現によって、親族のつながりを超えたさらに大きな組織へと改変し、夫婦を中心とした家族が親族組織から切り離されて、居住単位としての家と、婚姻単位のイエと、経済単位の家計を共有する人々が一つの家族を形成するようになったというのです。

こうして、その後の中国では社会の儒教化が進み、祖父母、父母に対しては「孝」を、女性に対してはいわゆる「三従（幼い時には父に従い、妻となれば夫に従い、年老いると息子に従う）」を強いるようになります。

❖言葉や文字からわかる家族のかたち

半族同士による交差イトコ婚を中心に親族集団が形成され、兄弟による祖先祭祀を中心として氏が確立したあと、兄弟のつながりを中心にしたイエ組織が崩壊し、イエは夫婦を中心にして営まれる様になります。さらに、国家の介入もあって、最上位世代の長兄男性を頂点として組み上げられた封建的家父長制へとすすんでいくのです。[84]

○ まとめ

殷王朝では、限られた親族間での交差イトコ婚を中心とした婚姻形態をもっており、それは殷王朝の王の名や親族名称から推測できます。しかし、秦漢時代以降、家族のあり方に変化があり、家族が個別化し、兄弟中心の家族のかたちから夫婦を中心とした家族のかたちへと移行したことが、戸籍様木簡によって推測されています。

その変化は秦が中国統一を果たしていく過程において、国家の利用しやすいかたちとして作られた家族のかたちということもできるかもしれません。

古代日本の親族名称

話題を日本の家族に戻しましょう。私たちは例えば、自分の父親を呼ぶときに「おとうさん」と呼んだり、「パパ」と呼んだりします。しかし、他人に説明するときには同じ人物を「私の『ちち』です。」と、説明します。つまり、同じ人物なのに、呼称は「おとうさん」で、名称は「ちち」なのです。このように、日本語では親族に対して、名称と呼称という二つの名前があります。特にこの名称には自分との関係を示す記号が隠されていることは、すでに理解してもらえたと思います。たとえば、「ちちおや」や「ははおや」というのは、どちらも「おや」という役割を果たしてくれる人で、「ちちおや」は「おや」という役割を果たしてくれる男性であり、「ははおや」というのは「おや」という役割を果たしてくれる女性です（もちろん、最近では必ずしも男性、女性の区別はないかもしれませんが）。そして、「おや」というのは自分のことを親身になって考えてくれ、困ったときには手助けをしてくれる人です。ですから、たくさんいてくれると助かります。たとえば「名付け親」というのは、名前をつけてくれた人であり、「おや」という役割を果たしてくれる人なのです。さらに「烏帽子親」というものもあります。「親方」や「親分」などもやはり、「おや」という役割が期待されている人たちです。

私の友人の一人が婦人服店を営んでいるのですが、時々宝石商をまねいて、服に合った宝石を同時に売るというイベントをしています。そんな時には夕方の出勤前に綺麗な女性が来て「これいいわね、今度パパに買ってもらうわ」ということがあるそうです…。

このように自分にとって、同じような役目を果たしてくれる人物に、親族ではないにもかかわらず、親族と同じ名称を汎用することがあります。実際には自分の「おじさん」ではないのに、道に迷った時に自分の年上の男性に向かって「すみません、おじさん、道を教えて欲しいのですが」と呼びかけることがあります。それは、その「おじさん」に実際の「おじさん（父の兄弟もしくは、母の兄弟）」と同じ役割を期待しているのです。

この親族名称を見ていくことで、私たちが以前、イエをどの様にとらえていたのかがわかるのです。

私たちが父親のことを「チチ」、母親のことを「ハハ」というのは相当古い時代からの親族名称です。十世紀に書かれた『和名類聚抄』にすでに見えています（次頁図は上井久義の作ったものの表記をカタカナに置き換えています）。

上井久義は「古代の親族名称」[85]でこれら親族名称を考察し、自己の母方の親族名称には「ハハカタ」が付けられており、父方には「チチカタ」とは付けられていないことから、古代における親族名称は本来父方のみにつけられていたものだとしています。つまり、はじめ親族と認識されていた人々は父方を中心としていましたが、その後、母方にも父方と同じ親族名称が「ハハカタノ」としてつけられ、親族の範囲が広がっていったとするのです。

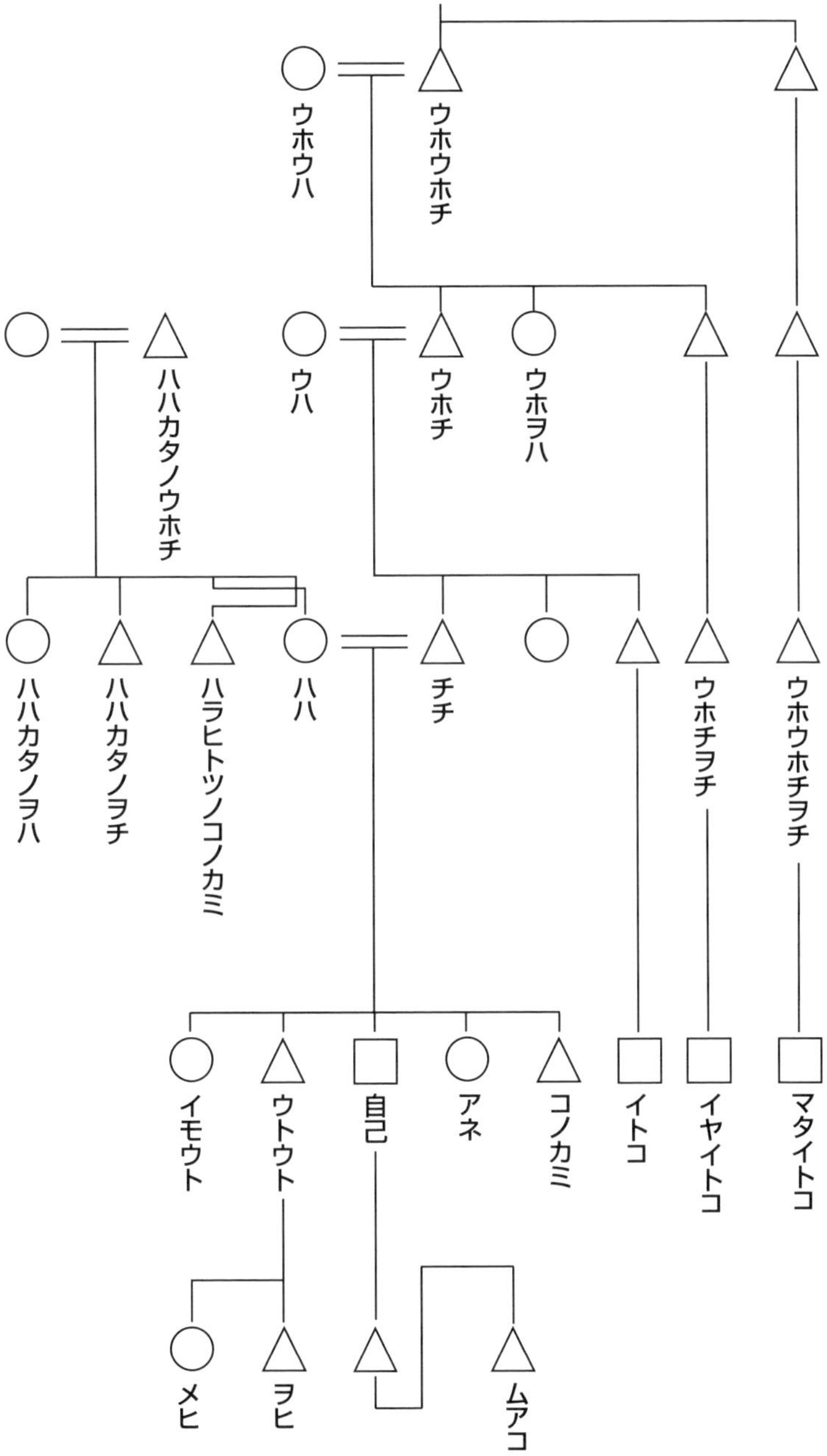
ウホウハ
ウホウホチ
ハハカタノウホチ
ウハ
ウホチ
ウホヲハ
ハハカタノヲハ
ハハカタノヲチ
ハラヒトツノコノカミ
ハハ
チチ
ウホチヲチ
ウホウホチヲチ
イモウト
ウトウト
自己
アネ
コノカミ
イトコ
イヤイトコ
マタイトコ
メヒ
ヲヒ
ムアコ

自己の父は「チチ」、その兄弟は「オヂ」、自己の父の父は「ウホチ」となり、母は「ハハ」、母の姉妹は「ヲバ」、母の母は「ウハ」となります。つまり、男性には「チ」、女性には「ハ」をつけているのです。以前、日本では、「父とは血が濃い」とか、芸術家の「血は争えない」などという言葉がありましたが、その「血」は体内に流れている血ではなく、古代から親族名称として使われていた父系を表す「チ」なのです。[86] こじつけるならば、「チ」はY染色体の流れであり、「ハ」はミトコンドリアDNAの流れということになるでしょうか。

また、母方に「イトコ」という名称がなく、反対に父方には「イトコ」「イヤイトコ」「マタイトコ」と曽祖父のひ孫にまで名称がつけられていることから、古代においては男系の曽祖父の系譜で繋がる男子までを同じ親族集団と考えていたようです。このイトコが母方の親族に適用されていないというのは、注目に値することです。自己の親族から親族名称上外すことで、母方イトコとは結婚できることになり、イトコ婚の存在を推測させるからです。上井は琵琶湖の沖ノ島の例を引いて、

親たちの希望としては、父親は漁に出て、日常生活の場となる家はほとんど女性たちの手に委ねられているので、母親の意志によって話がすすめられ、決定される傾向が強かった。そこで、母親が自己の実家方から、息子の嫁を求める例が多いという。嫁に迎えてからも男達が漁に出ている間、家の切りもりには、母が自分の血をひいた娘と過ごすのが、互いに気がおけなくてよかったからだという。したがって昔は母

方のイトコが配偶者としてよろこばれたが、今は血が濃いからいけないとされるようになった。と母方イトコ婚がおこなわれていた事例を挙げており、また大阪南部の滝畑でもイトコ婚の存在を確認しています。[87]

高群逸枝は『日本婚姻史』で、

「万葉」時代までは夫婦別居（妻問）がみられ、平安中期ごろからは原則的に妻方同居のたてまえとなり、しだいに妻方沙汰の単婚世帯に進んで（以下婿取り）、室町期から夫方同居制（嫁取り）が定式化するというのが、日本婚姻史の時代区分である[88]

としています。また、嫁取婚の時代を、南北朝からの過渡期を経て「大まかに規定すれば、室町以後（一三七八年）から、昭和憲法のできた昭和二二（一九四七）年ごろまでとされよう。」としています。[89]

さらに、令和四（二〇二二）年に出版された高校生向けの日本史の教科書、山川出版社の『詳説　日本史』では、八世紀の奈良時代の家族のあり方について今日と違い、結婚は初め男性が女性の家に通う妻問婚に始まり、夫婦としていずれかの父母のもとで生活し、やがてみずからの家をもった。夫婦は結婚しても別姓のままで、また自分の財産をもっていた。律令では中国の家父長制的な家族制度にならって父系の相続を重んじていたが、一般民衆の家族では、生業の分担や子どもの養育などの面で女性の発言力が強かったとみられる。[90]

とし、さらに九世紀後半平安時代になると、

当時の貴族社会では、結婚した男女は妻側の両親と同居するか、新居を構えて住むのが一般的であった。夫は妻の父の庇護を受け、また子は母方の手で養育されるなど、母方の縁が非常に重く考えられていた。[91]

と説明します。

実際にそうなのでしょうか。上井は古代の親族名称を考察し、古代の日本は父系を中心に親族を認識していたと結論づけており、教科書が述べている妻方の家族が主導権を握っていたという考え方と、その認識のしかたに齟齬があるように思われます。すこし寄り道をしてから、この問題に戻りたいと思います。

中国雲南省における家族のかたち

まだ日本人のルーツに関して遺伝子研究の成果がそんなに注目されていなかった時代、中国の雲南省に住む多くの民族が日本人のルーツの一つであり、彼らが日本の古代の習俗を残しているのではないかとして、盛んに研究されたことがありました。当時、バックパッカーなどと言われて、海外への個人旅行が流行り、海外留学の機会も多くありました。私も中国に留学し、バックパッカーに混じって中国各地を回りましたが、その経験を活かして、その後、何度か中国雲南省などへ民族調査に赴きました。親族名称の収集を中心とし、婚姻形態を調べるものでした。

中華人民共和国が成立してすぐ、一九五〇年代には各民族の社会歴史状況の調査がおこなわれ、その成果は最初は外国への持ち出し禁止の内部発行として、一九八〇年代には一般の書店でも扱う書籍として発行されました。私が留学していた一九八〇年代後半はそうした民族調査の報告書が自由に見られるようになり、さらにそれらの人々が住んでいる村々にもある程度自由に入れるようになった時代だったのです。

中国の雲南省に住む民族が注目されたのは、日本でも古代におこなわれていたとされる歌垣の習慣が残っていることです。歌垣というのは、未婚の男女が数人ずつ組になり、お互いに歌を歌いかけて、自分の気持ちを異性に伝えるというもので、古くは中国でもおこなわれ、東アジア全体での共通した習俗だとされています。こうした古い習俗が残されており、さらに男性が女性の元に通う妻問の習慣なども日本の古代の習俗と共通するものがあるとして、盛んに調査されたのです。

では、本当に雲南を中心として生活している民族には日本の古代の習慣と同じものがあるのでしょうか、私が一九九二年と一九九四年に雲南やベトナム北部でおこなった調査[92]を元にまとめてみたいと思います。

婚姻関係と親族名称には深い関わりがあることはすでに何度も述べています。私が調査した白《パイ》族、納西《ナシ》族、彝《イ》族、瑶《ヤオ》族、哈尼《ハニ》族、阿細《アシ》族などでは、兄弟の親族名称と母方父方を問わずイトコの親族名称に重なりが見られます。白族では、父の兄の息子（父方平行イトコ）には自己の兄と同じ「アコン」という名称が、父の兄の娘で自己より年上の女性には「アタ」という自己の姉と同じ名称がありますが、母方のイトコには白族の言葉ではなく漢民族の言葉、漢語の影響が見られ、もともと親族名称がなかったことを窺わせます。納西族は父方の平行イトコと母方の交差イトコで、自己よりも年上のイトコには自己の兄や姉と同じ親族名称がつけられています。つまり、父方の交差イトコと母方の平行イトコには親族名称がないということです。

哈尼族は非常に典型的で、父の兄弟の息子つまり父方平行イトコで、自己よりも年上の男子は自己の兄と同じ「アコ」と呼び、同じく自己よりも年下の男子は、自己の弟と同じ「アニ」と言います。父の兄弟の娘（父方平行イトコ）で、自己より年上の女性に対しては、自己の姉と同じ「アツェ」、自己より年下の女性に対しては、自己の妹と同じ「アニ（弟と同じで子どもという意味）」という親族名称を使います。しかし、父の姉妹の子ども（父方交差イトコ）と母方のキョウダイの子ども（全ての母方のイトコ）たちには漢語から借りてきた「ロピョ（老表）」という同じ言葉を当てはめています。おそらく、もともとは親族から外されていたものが、他の人々とは異なる役割があることから、漢語を借用して親族名称をつけたと考えられるのです。そして、これらの多くの民族が、以前は結婚相手として優先的に交差イトコを選んでおり、親族名称からイトコを外すことで、名称上親族とは認めず、婚姻相手として選べるようにしていたと考えられるのです。

一九九四年の調査では、ベトナムから紅河《こうが》をさかのぼり、中国に入りました。その時の調査で次のような面白い経験をしたのです。

調査団のメンバーは、若かりしころの私と民俗学者の父の他に数人の研究者で構成されていました。

調査地に車で向かっている時に、ある家の生垣に綺麗な民族衣装が干してありました。民族衣装を着ている人はいくらでもいるので民族衣装の写真資料はいつでも撮ることができます。しかし、生垣に広げて干している民族衣装は、着ている状態ではなく、広げてあるのでその構造がよくわかるのです。私たちは早速、車から降りて、その民族衣装の写真を撮ろうとすると、近くに座っていたおばさんが走ってきて、急いでそれらの民族衣装を片付けてしまいました。そして、あっちに行け、と言うような手振りをしたのです。一体どうしたわけかわからないまま、私たちは車に戻りました。

❖中国雲南省における家族のかたち

私たちはおばさんたちの意地悪とも思える行為の理由がわからないまま、調査を続けました。おそらくその答えは次のような習俗によるものだと考えられるのです。

雲南地方の多くの民族で、妻問婚の習俗が残っています。『中国少数民族の婚姻と家族　上』[93]によると、瑶《ヤオ》族の習俗として

> 青褲瑶の恋愛は情趣に富み、いっぷう変わっている。娘たちの寝室には娘のベッドの高さに合わせて、直径二センチほどの「恋愛洞」という孔が開けられている。夜半、人々が寝静まり、門をぴったり閉ざすころ、棒を持った若者が「恋愛洞」の傍に来て、棒の先をその小孔に挿しこむ。それで娘は恋人が来たと知り、「恋愛洞」越しにふたりで心の内を綿々と語り合っていつ果てるとも知れない。けれどもその若者が嫌いなら、娘は眠ったふりをする。若者は肩を落として帰って行くしかないのである。

とあり、また、

> 茶山瑶の恋愛形態は「爬楼」〔二階に登るの意〕という。茶山瑶の家は二階建てで、娘が十五歳頃にな

ミャオ族の家、上井久義撮影

ると父母は娘に二階の個室を与える。その個室はバルコニー風に道に張り出していて、夜半、若者たちが壁伝いに二階によじ登って寝室に入り、娘と愛を語らうのである。

などとあります。男性が夜に女性のところを訪ねて、求愛（求婚ではない）するのですが、その時にわかりやすいようにスカートを干しておくのです。つまり、スカートが目立つように干してあるのは「ここに年頃の娘がいますよ。」という印なのです。

そこで、先ほどのおばさんたちの行動に合点がいきました。突然、何処の馬の骨ともわからない男たちが車から降りてきて、干してある娘たちの民族衣装の写真を撮ろうとしたわけですから、拒否反応が起きても当然のことなのです。

『中国少数民族の婚姻と家族　上中下巻』[94]には、多くの民族の婚姻習俗についてまとめられており、非常に便利な本です。この本を中心に雲南省などに住んでいる民族の婚姻習俗を見てみますと、基本的には恋愛は自由だとしながらも、多くの家庭で結婚は父母が決めるもので、交差イトコ優先婚をおこなっているといいます。

このような習俗はいつごろから始まったのでしょうか。古代の雲南地方にあった南詔国の婚姻形態について少し見てみたいと思います。

○南詔《なんしょう》国の婚姻形態

中国の西南部、今の雲南地方には、七世紀に南詔国という王国が出現します。詔はその地方で王という意味で、したがって南詔国というのは南の王の国という意味です。この南詔国はもともと耳の形をした湖、洱海の周りに六つの王国（六詔）があり、それら他の五つの詔を併合してできた国です。この南詔国建国には次のような伝説があります。

南詔国王皮邏閣《ひらかく》（皮羅閣）は他の五つの詔を併合する巧妙な方法を思いつきます。それは、六月二十四日に六詔共同で祖先を祀る式典をおこなうというものです。六詔中の鄧賧《とうたん》国の王皮邏鄧《ひらとう》の妻は、皮邏閣の謀略を心配し、夫を引き止めますが、皮邏鄧は祖先供養の式典に参加しないわけにはいかないと言います。妻は仕方なく、自分の腕輪を夫の腕につけて見送りました。

皮邏閣はわざわざ松の木で楼閣を建て、その上で五人の王と宴会を開きました。他の王たちが酔いしれた時に皮邏閣は楼ごと火をつけて、五人の王を焼き殺します。知らせを聞いた皮邏鄧の妻は、腕輪を頼りに焼け跡から夫の遺体を見つけ出します。この夫人の美しさに心惹かれた皮邏閣が、何とか妻にしようとしますが、最終的には八月八日に皮邏鄧の妻が洱海に身を投げて死んでしまう、という物語です。[95]

この物語で注目したいのは、どうして皮邏閣の誘いに何の疑いもなく、他の五詔の王が集まったのかということです。

この物語にはもともと六つの詔が、それぞれ交差イトコ婚によって結ばれていたという社会背景があったのではないかと考えます。南詔国は独自の文字を持っていませんでしたから、中国側の資料をもとに婚姻関係を考察したのが左の図です。

皮邏閣、閣羅鳳、鳳伽異《ほうかい》、異牟尋《いぼうじん》は父の名前の下の部分を自己の名前の上につけるという父子連名制をとっています。そして、それぞれが独錦蛮《どくきんばん》と結び付けられており、この独錦蛮というのはおそらく民族集団であり、一つの詔を形成するものだったのではないかと考えられます。ですので、六詔というのは、六つの王国がそれぞれ婚姻を重ねることによって、安定した社会を維持して

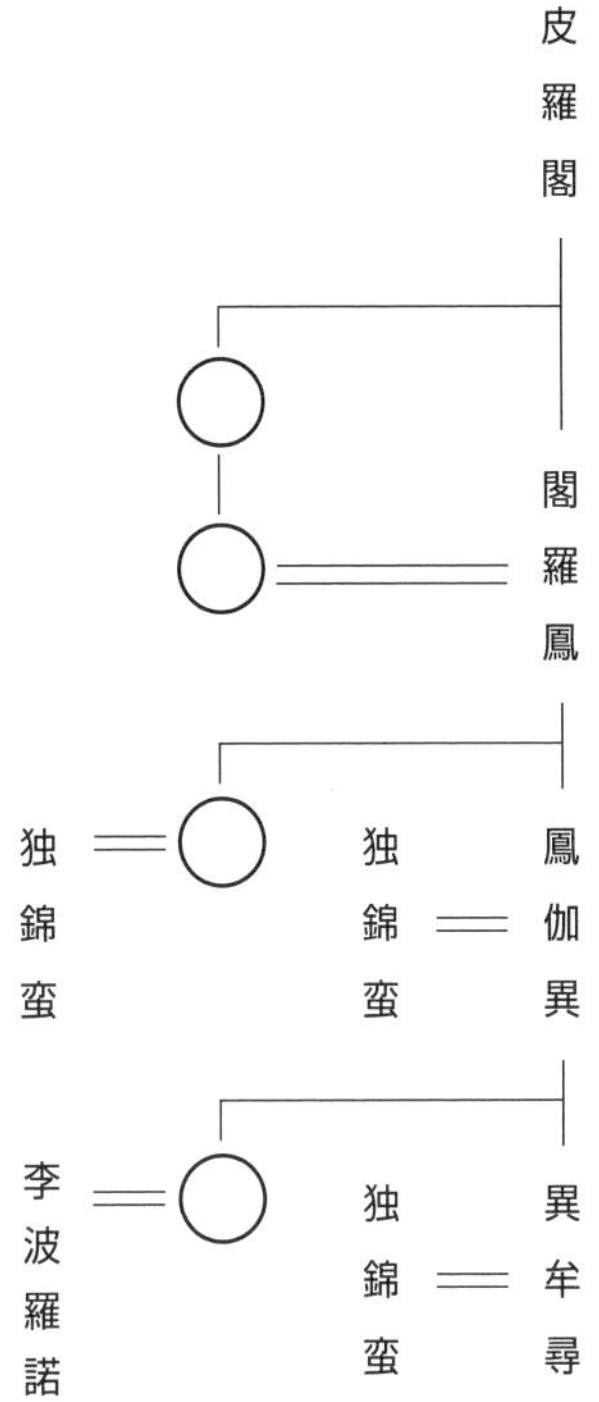

❖中国雲南省における家族のかたち

いたと考えられるのです。[96]

したがって、南詔国の祖先は、他の詔の王たちにとっても祖先であり、南詔国王が祖先を祀るためといって他の詔を召集したならば他の詔の王たちは断るわけにはいかないのです。

また、南詔国がおこなっていた父子連名制は、白族、納西族、彝族で確認され、この父子連名制では、自己の父親、祖父、曽祖父の名前はわかるけれども母親の系譜を辿ることができないため、母方イトコと結びつくことはありません。つまり、母方交差イトコと自己が結びつくことはないのです。[97] この父子連名制も交差イトコとならば自己の出自と相手の出自を結びつけないという機能を持っているのです。南詔国の王が父子連名制をとっていることと、また南詔国の王が皮邏閣という名前なのに対して、滅ぼされた鄧賧国の王が皮邏鄧といい、皮邏閣と皮邏鄧が父子連名なら同じ父親を持つことになるのも、この二人が全く異なる系譜を持っているものではなく、何らかのつながりがあることを示唆しているようにも思えます。そして、皮邏閣が皮邏鄧の妻を娶ろうとするところにも、この物語の意味するところが、単純な構造ではない可能性を秘めているように思うのです。

雲南地方では古くからイトコ優先婚を中心とした婚姻関係により、親族、氏族同士がゆるやかな紐帯で結ばれ、安定した社会を営んでいたことが、歴史的事実からも窺えます。

◯ 始祖神話

こうしたイトコ婚が、近親婚であることを彼らも理解していたようです。しかし、それを社会的に受け入れることのできる思想的背景が、彼らの中に普遍的に存在する始祖神話です。

哈尼《ハニ》族の神話では、

ズオルオとズオベイは瓢箪の中に身をかくして、六年が過ぎ、十本の大きな河が合流するところに流れ着いた。洪水が落ち着いた後、彼らは瓢箪から出た。……中略……。

アジ神は再び彼らの側にやって来て、ズオルオの気持ちに情を植え付け、ズオベイの気持ちに愛を投げかけ、ズオルオとズオベイが結婚するようにしむけた。兄と妹はこうして愛情を抱くようになったが、彼らは夫婦になる前に木の葉を飛ばし、木の枝を投げ、石臼を転がすことによって、天地の意思を見てみることにした。

兄と妹は九つの大きな竹林で隔てられた高い山を見つけ、ズオルオは東側の山に立ち、ズオベイは西側の山に立った。先ず最初に、彼らがそれぞれの木の葉の半分を飛ばすと、二つの木の葉はゆらゆらと落ちて行き、一つにひっついた。次に、彼らがそれぞれ半分に割った木の枝を投げると、二つの木の枝はどんどん飛んでいって、一つに合わさった。三つ目に、彼らがそれぞれ石臼を転がすと、二つの石臼はごろごろと転がって、一つにかさなりあった。一つにひっついた木の葉と、一つに合わさった木の枝と、かさなりあった石臼を見て、さらに人類を増やさなければならないという事情を考え、ズオルオとズオベイはしかたなく夫婦になった。こうして人類は伝わってきたのである。[98]

ここでは、兄と妹と訳されていますが、前述のように哈尼族では妹も父の兄弟の娘も親族名称は「アニ」であり、その意味は子どもという意味です。したがってこの物語の兄と妹も、両親を同じくする兄と妹ではなく、イトコを含めて考える必要があるのです。

雲南地方の多くの民族で、このように洪水が起き兄と妹の二人だけがこの世の中に残され、初めは二人が結婚することを躊躇するのですが、さまざまな方法でその可否を占い、結局兄と妹が結ばれて、人類が繁栄するという伝説を持っています。私の手元にあるものはすべて中国語に訳されたものですが、これらの民族においてイトコと兄弟の親族名称が同じであることを考え合わせると、中国語に訳された兄と妹は、哈尼族の伝説と同じように、実際の兄と妹ではなくイトコ同士と考えたほうがしっくりいくのではないでしょうか。語り継がれてきたこのような神話によって、それらの民族は自分たちの最初の夫婦がイトコ同士であり、近親とはいえイトコとの結婚を望ましいものとして受け入れているのだと考えられます。

井上順子の「中国の洪水神話における兄妹婚神話の位置付けと構造分析」[99]では、洪水神話で生き残ったものは、ほとんどが兄と妹で、わずかながら姉と弟があるようです。そして、こうした兄妹婚神話を伝えている民族は、白族や彝族、瑶族、哈尼族、と私が調査した民族がほとんど全て含まれており、彼らはイトコ婚をおこない、イトコがキョウダイと同じ名称をもっている人々なのです。

これらの民族は、キョウダイの名称をイトコにまで広げていて、イトコもキョウダイとして認識しているわけですから、その下の世代になると、父のイトコもオジやオバとなり、非常に広い範囲のイトコがキョウダイと同じ親族名称で呼ばれることになります。極端なことを言えば、同じ村の同世代の異性は皆キョウダイということになってしまうのです。

彝族には次のような歌が伝わっています。

牛角壺になみなみと酒ぶらさげて、背中の袋に蕎のババ、
私は馬にまたがって、オジやオジやと捜します。
北の方角捜してみれば、九つ部落がありました。
門の前には九本の梨、家の後ろには九枚の石塀、彝族の家ではありません。
私たちは草地の羊のようなもの、山羊と羊じゃ合いません。
私はオイではありません。彼はオジではありません。

ババ

私は馬に身を起こし、彼は私を目で送る。
牛角壺になみなみと酒ぶらさげて、背中の袋に蕎のババ、
私は馬にまたがって、オジやオジやと捜します。
南の方角捜してみれば、六つのシャトゥ住む村がありました。
門の前には六つの竹林、家の後ろは六つの石塀。
我々互いに族譜を聞けば、みなもと同じの二つの流れ、
彼は私をオイとは呼ばず、私は彼をオジとは呼ばぬ。
私は馬に身を起こし、彼は別れの酒を盛る。
牛角壺になみなみと酒ぶらさげて、背中の袋に蕎のババ、
私は馬にまたがって、オジやオジやと捜します。
捜しあてたる丘の上、彝族住む九つの村がありました。
門の前には三本のナラガシワ。家の裏には三つのため池。
彼は家譜を聞きました。私は由来を一代一代答えます。
私を彼はオイと呼び、私は彼をオジと呼ぶ。
喜び勇んで壺をとり、二人で心ゆくまで飲みました。[100]

この歌の主人公はおそらく自己の結婚相手を探す旅をしているのだと思います。そして、最後に結婚相手の父親となるオジを探し当てたのです。牛角壺に入れられた酒は、結納の酒であり、家譜を確認することで、結婚できる相手かどうかを見極めたのです。

こうして、雲南地方の多くの民族がイトコ優先婚をおこなっています。しかし確認しておかなければならないのは、ここでいうイトコは、親の代もイトコはキョウダイと認識されるわけですから、マタイトコもキョウダイとなり、おそらく同じ民族ならば、ほとんどがイトコと認識できるような広い範囲が対象となると考えられます。

特徴的な習俗として、交差イトコ婚や、妻問婚などのほかに「不落夫家」と言い、結婚後も新婦がしばらく実家に留まる習俗があります。広西壮族自治区の毛南《マオナン》族では、妻は農繁期のみ夫の家に手伝いに行き、三年から五年は里方で暮らします。身籠ると、夫方の家に居住するようになります。広東省海南の黎《リー》族も妻が身籠るまで夫婦がそれぞれ実家で暮らし、妻が身籠ると新居を建てて夫婦で共に暮らすようになります。こうした習俗は、苗《ミャオ》族、布依《プイ》族、侗《トン》族などいくつもの民族で見られますが、基本的には子どもができるか数年経つと、夫の家で暮らすことになります。

結城史隆の「ジュンベシ谷の社会変容」[101]には、チベットから南下してネパールへ移住してきたとされるシェルパ族は、結婚すると新郎はしばらく妻のところに居住し、妻の実家の仕事を手伝う習慣を持っており、妻の

❖ 中国雲南省における家族のかたち

家で四年間過ごし、長男と長女を連れて自分の村に帰った例が述べられています。

結婚後しばらく妻の家で婿が暮らし、数年後に夫婦揃って夫の家に住むという習俗については、すでに中田薫が「我が太古の婚姻法」で日本の古代においてもこの習慣があったのではないかと指摘しています。[102]

○　まとめ

以上、雲南の民族の婚姻関連の習俗をまとめておきましょう。未婚の男女は、お祭りや歌垣などで意中の人を見つけると、男性は夜に女性の家を訪れ、妻問をします。おそらく、それはイトコに相当する女性だと思われます。親の許可をもらい、結婚をすると、しばらくはお互いの実家に住むか、婿が新婦の家に入るかします。子どもができると、夫婦と子どもは夫の実家に移り住みます。

古代日本の家族のかたち

戸籍について『国史大辞典』[103]によると

律令時代、戸を単位として人民一人一人を詳細に登録・集計し、里（郷、五十戸）ごとにまとめて一巻とした支配のための重要な帳簿。

とあります。最初の全国的な戸籍は天智天皇の時代天智九（六七〇）年に作られた『庚午年籍《こうごねんじゃく》』だとされています。この戸籍は永年保存とされ、その証拠に約百六十年後の承和六（八三九）年には、地方の役所で保管されていたものを複写進上させています。[104]氏姓《うじかばね》の基準とされた根本台帳です。つまり、二百年近くも保管されていたのです。

現存する最も古い籍帳（戸籍）は東大寺の保管庫だった正倉院にあります。しかし、戸籍として残っているのではなく、裏紙として残っているのです。当時は紙は貴重で、しかも戸籍などの公文書の裏は使用しませんので、必要無くなった公文書は寺院などに払い下げられて写経の紙として使用されたり、また寺の事務関連の文書として使用されて再利用されるのです。

こうした正倉院文書の中には、大宝二（七〇二）年の御野国加毛郡半布里《みののくにかものこおりはにゅうり》戸籍・味蜂間郡春部里《あはちまのこおりかすがべり》戸籍などいくつかの戸籍が、再利用された紙の裏紙として残っており、貴重な資料となっています。御野国の戸籍は全てで五十八戸あったと推測され、そのほとんどが残されていると考えられています。県主族島手《あがたぬしのやからしまて》の戸籍には、戸主島手の妻や子どもたち、さらに島手の弟たち（小島・多都・寺）とその息子たち、戸主島手の母と妻と弟たちの妻と娘たちが記載され、総勢三十人ですが、この家族は多い方で、当時の家族の大きさはおおよそ二十人前後だと言われています。ただ、この戸籍の中には戸主と女系の血縁でつながる寄口や寄人の世帯、奴婢なども含まれることがあります。[105] 戸主とその妻と子どもたち、弟の家族が一つの戸として記載されており、二十人近い人間が一つの戸籍に記載されているという点では、私の曽祖父の戸籍や、祖父の兄の戸籍とほとんど変わらないということになります。

こうした古代の戸籍から家族や婚姻について詳しく研究したものに今津勝紀の『戸籍が語る古代の家族』があります。今津は「戸籍から見た婚姻[106]」で、「史料の第一選択は大宝二年籍をおいてほかにない。なかでも、最もまとまって伝わる半布里《はにゅうり》戸籍こそが当時の社会の実態を考える最良の史料ということになる。」と言っています。ここで問題とされているのが、庶民レベルの婚姻の実態です。例えば、生涯的に妻問婚がおこなわれていたのかどうかということも問題があります。戸令《こりょう》聴婚嫁条の規定に男性十五歳以上、女性十三歳以上に婚姻が許されるということは、生涯的に妻問ではなく、やはり夫婦として暮らしていたことが窺えます。

今津は注意しなければならない例として、下総《しもふさ》国戸籍には二十代の夫が見えないことを挙げています。母子の年齢差や父子の年齢差から子どもを持つ母親の一五一例のうち、五〇例が二十代で出産し、同じく二一例の男性が二十代で父親になっているにもかかわらず、戸主はいずれも三十代以上だというのです。[107] この理由については後ほど考察します。

また、再婚の多いことにも注目しています。しかし戸籍では妻と死別して残された子どもが女児の場合、亡妻・亡妾と記載されるのに対し、男児の場合にはたとえ母親が死んでいて、父親が再婚したとしても亡妻の子とは記載されないのだとします。[108] 梅村恵子は「さまざまな正妻の姿」[109]で『大鏡』に登場する九世紀から十一世紀に実在した男性百六十八人と女性六十二人の死亡年代を調査しました。男性の死亡者数は五十代を頂点に徐々に減っていくのに対して、女性は二十代から三十代に死亡例が増えるといいます。つまり、懐妊、出産による死亡が多いのです。ですので、男性の寿命が女性よりも七歳から八歳ほど高くなり、男性の再婚する可能性が高くなるといいます。

今津勝紀によると、古代においては夫婦は別姓だとし、ツマドヒ（妻問）のツマは妻という女性を指すのではなく、男女関係なく「一対の男女として安定した関係にある相手」という意味だといいます。

さらにトフ（問う）というのは、言葉を交わすという意味ではなく、愛を交わすという意味だとします。いわゆる以前に紹介したフィッシャーの言葉を借りればまさに「つがう」相手という意味です。

また、ヨバヒは呼びかけるという意味で、相手を誘う行為だとします。誘われた女性はヨバヒに対して「名告る」ことによってその愛を受け止めるといいます。「ヨバヒによる求愛に対応するのが、名告りであった。ヨバヒと名告りはセットなのである」とします。そして、『万葉集』の山部赤人による「みさご居る　磯みに生ふる　なのりその　名は告らしてよ　親は知るとも」（三六二）から、女性が自らの名を明かすことは求愛を受け止めることを意味したとします。また、同じく『万葉集』の「隼人の名に負ふ夜声　いちしろく　我が名は告りつ　妻と頼ませ」（二四九七）を引用し、「名告ることは愛を受け入れ、妻となることにもつながった」とします[110]。

しかし、ここで大事なのは、どうして名のる必要があるのかということです。最初の歌では「親に知られようとも」とあって、これを日本古典文学大系では「たとい親が私たちの関係を知って、あれこれいうことがあろうとも」と解釈しており、やはり妻問婚やヨバヒ（夜這い）が完全な自由恋愛ではなく、ある程度、親による監視があったことを示唆しています。おなじく「我が名は告りつ　妻と頼ませ」について日本古典文学体系では「はっきりと私の名を申しました。この上は妻として信頼してくださいまし」と解釈しています。つまり、名前を確認する必要があるのです。私はこれらのことから妻問婚やヨバヒ（夜這い）においても相手は誰でもいいのではなく、名前を確認し、自己の妻として相応しいかどうか確認する必要があったのではないかと思うのです。
上井久義の「秦氏と鴨氏の連携」[111]によると、御野国加毛郡半布里の戸籍や豊前国仲津郡丁里《ぶぜんのくになかつのこおりよぼろり》の戸籍から秦氏の婚姻関係を抜き出し、御野国加毛郡半布里では秦氏の男性で秦氏から嫁をもらっているのは五十三例中四十七例、秦氏の女性で秦氏の元に嫁いでいるものは五十七例中四十九例、豊前国仲津郡丁里では秦氏の男性で秦氏から嫁をもらっているのは二十六例中十六例、秦氏の女性で秦氏に嫁いでいるのは二十九例中十八例と明らかに秦氏同士で婚姻関係を結んでいることがわかるとします。また、その理由について、秦氏が渡来系一族としては、最も古く、かつ大きな組織を成しているが故に、伝統的な親族組織を持っていたのではないかとします。

また、『日本書紀』神功皇后摂政前紀十二月条にみえる「内避高国避高松屋種」という人物名は、「ウツヒコ、クニヒコ、マツヤタネ」と読み、この人物の名前には祖父の「ウツヒコ」、父の「クニヒコ」と自己の「マツヤタネ」という三つの要素からできているとします。さらに同じ条に、「向匱男聞襲大歴五御霊速狭騰尊（ムカヒツヲモオソホフイツノミタマハヤサアガリノミコト）」という人物の名前は「ムカヒツヲモオソホフ」と「イツノミタマ」と「ハヤサアガリノミコト」の三つか、「向匱男」、「聞襲大歴」、「五御霊速狭騰尊」に分けられ、やはり父親と祖父の名前を含んでいるのではないかとします。もし日本においても父子連名制が存在するならば、自己(男性)の名前を名告ることによって、妻とする相手が交差イトコであれば、自己と系譜がつながらないことを確認することができます。

妻問をして、子どもが生まれた場合、その子どもはどこに帰属するのかという問題があります。これについては御野国加毛郡半布里、豊前国仲津郡丁里、下総国葛飾郡大嶋郷《しもふさのくにかつしかのこおりおおしま》の三カ所の戸籍について表にしたものを参照しながら説明します。[112]

答えを先に言うと、どの戸籍でも男の子と女の子の割合はほぼ同じなのにもかかわらず、男の子とその母親という母子家庭が存在しないということです。

次頁の表の一番下の数字を見てください。女親に属している女児が三十七名、男親に属している女児が三十三名、女親に属している男児はおらず、男親に属している男児が七十三名で、半布里では、子どもの事例数が百四十二名、そのうち男子七十二名で、女子七十名、男女の比率はほぼ同じです。女児七十名のうち三十三人が男親（父の家）に同籍し、三十七名が女親（母の家）に同籍しています。つまり、女児の場合は女親と男親に属する比率はほぼ同じです。これに対して、七十二人の男子は全てが男親の籍に入っています。

丁里では、女親に属する女児が九名、女親に属する男児が四名、男親に属する女児が九名、男親に属する男児が十二名で、全体では女児が十八名、男児が十六名となります。女児はその属しているのが男親と女親にそれぞれ九名と同じ数になりますが、男児は女親に四名、男親に十二名となり、しかも女親に属している男児は九歳の一人以外の三人は四歳までです。

夫婦別籍者の子供の人口構成

年齢	御野国加毛郡半布里				豊前国仲津郡丁里				下総国葛餝郡大嶋郷				計				合計
	女親の女子	女親の男子	男親の女子	男親の男子	女親の女子	女親の男子	男親の女子	男親の男子	女親の女子	女親の男子	男親の女子	男親の男子	女親の女子	女親の男子	男親の女子	男親の男子	
1	5			8	2	1	1	3	1	2	5	3	8	3	6	14	31
2	5		2	12	1	1	2	3			3	5	6	1	7	20	34
3	3		3	9	2		1	2			2	2	5		6	13	24
4	3		3	7		1	1				1	5	3	1	5	12	21
5	3		2	6	1			1			1	1	4		3	8	15
6	1			1	1		1				1	1	2		2	2	6
7	1		4	1			1		1			2	2		5	3	10
8	1		2	2							2	1	1		4	3	8
9				4	1	1		1			1		1	1	1	5	8
10	1		2	2							3	1	1		5	3	9
11	3		3	3			1				3	1	3		7	4	14
12			1	1				1			2				3	2	5
13	3		1	3									3		1	3	7
14	3			2	1			1					4			3	7
15	2		1	1									2		1	1	4
16			1	2			1		1		1	2	1		2	4	7
17	2		1						1			1	3		2	1	6
18																	
19			2												2		2
20			2	2					2		2	2	2		4	4	10
21				1					1		3	1	1		3	2	6
22				3							1				1	3	4
23			1	2					2			1	2		1	3	6
24																	
25			1												1		1
26																	
27											1	1			1		2
28	1								1				2			1	2
29									1				1				1
30												1					1
31																1	
32									1				1				1
33			1												1		1
計	37	0	33	72	9	4	9	12	12	2	32	31	58	6	74	115	253

大嶋郡では、女親に属している女児は十二名、女親に属している男児は二名、男親に属している女児は三十二名、男親に属している男児は三十一名です。総合すると、女児四十四名、男児三十三名です。そして、女親に属している男児は二名とも一歳で、そのほかの男児は全て男親に属しているのです。

これを、もう少し突っ込んで考えると妻問婚で子どもができ、それが男子ならば父親の籍に入れます。そして、その子が五歳ぐらいになるまで母親が実家で育て、子どもが五歳ぐらいになると、父親は母親と夫婦になり、子どもと共に自分（父親）の家に引き取るということです。反対にその女性に男の子が生まれなければ、男性はその女性を引き取らない可能性もあるわけです。また、女性は自分の子どもが夫の家を継ぐわけですから、男性の家に嫁入りした時点で、すでにその家では妻という座と共に、その家の後継者の母という地位も得るわけです。

これらのことを踏まえて、上井は次のように結論づけます。

成婚は、まず夫の妻問から始まるようである。相互の親族は多くの場合、姻族の関係にあったと思われる。このことが結婚による同居・同籍を急がなかった理由であったと思われる。子どもができても、なお妻問い婚の形が続く者と、同居し同籍するものが出てきたと思われる。

男子が誕生すると、まず男親の籍に入れ、夫婦が同籍する者と、子どものみを同籍させ、妻はまだ別籍のままの者もいたようである。この子どもが四歳か五歳になると、多くの男親たちは妻と子どもを自己の親族に招いて、自己の親族内で家族を構成することになる。

というのです。

女性にとっては、嫁に行く先は自分の父親の姉妹の家である可能性が高いので、義理の母、つまり自分の夫の母親は自分の父親の姉妹となるのです。女性からすると父方オバのところに嫁に行き、男性からすると母方オジの娘を嫁にもらうということになります。

こういう可能性を設定すると、生まれた時点で、結婚相手が決められており、非常に不自由な印象を持つかもしれませんが、もちろん、兄弟姉妹が一人ずつしかいないということではないので、どちらからも選択肢は幾人かいることも忘れてはなりません。

この日本の古代の婚姻形態をもう一歩進めて考察してみましょう。

妻を娶る立場からすると、次の世代に男子がいないことには、将来、姻族の家から妻を娶ることはできませんから、必ず男子をもうけなければなりません。そうしないと姻族関係を維持できなくなるからです。そこで、妻問婚によって姻族関係にある女性のところに行き、ヨバヒによって相手の名を確かめると、しばらく通い、相手の女性が男子を生み、さらにその男子がある程度成長したころを見計らって、母親ごと家に迎えるのです。

こうすれば、五歳ほどになる自分の息子を連れて妻が嫁入りしてくるわけですから、男子が生まれなくて困るということはなく、結婚相手は、初めから後継になる男子を連れてきてくれるのです。

山田康弘の「縄文時代の子どもの埋葬」[113]で、興味深い報告がなされています。

> 大人と子どもの合葬例では、乳児期以前は女性と合葬されることが多く、幼児期以降には男性と合葬されるようにもなる。

とあります。つまり、それら合葬墓からわかることは、二歳ぐらいまでの子どもは母親と行動を共にすることが多く、したがって母と子どもは同時に死亡する可能性があり、母と子どもが同じ墓に葬られることになります。同じように、今度は言葉を喋ることができるようになって、大人と同じ食物を摂取できるようになると、父親と行動を共にすることが多くなり、父親と子どもが同時に死亡する可能性が高くなるというのです。複数の人間が同時に死亡する可能性としては、縄文時代においては食物による中毒死が考えられるので、二歳ごろまでは母親と子どもが共に食事をし、その後、子どもが大人と同じ食事が取れるようになると父親と共に食事をします。つまり、二歳から五歳のあいだに、母離れして、父親と生活するようになるというわけです。

さらに、埋葬方法や状況などから、二歳ごろまでは集落構成員外の存在だとします。そして、十六歳ごろに抜歯という成人儀礼を経て大人として認められるのです。

この二歳から十六歳の間では、六歳ごろから永久歯に生え替わりはじめ、そのころまでに母親から離れて、父親の元で暮らすようになるのではないかと考えられます。その結果が先ほどの合葬の形態ですが、もし同時に死亡した人が一つの墓に合葬されると考えられるのであれば、父親と母親と子どもの三人で暮らしており、この家族が食中毒で死亡した場合、おそらく、父親と子どもとか、母親だけとかではなく、同じものを食べた父親、母親、子どもの三人が同時に死亡してしまうのではないでしょうか。にもかかわらず、子どもは二歳までは母親と合葬され、六歳ごろになると父親と合葬されるということは、その子どもが帰属している社会が、母親の社会から、父親の社会へ移行したことを示していると考えられます。つまり、二歳ごろまではその子どもは母親の子どもであり、六歳ごろになるとその子どもは父親の子どもとして認識されるわけです。

田中良之が古墳時代の家族関係を埋葬されている人骨から導き出した仮説も、最初は夫婦、次に父親とその子どもたち、そして夫婦とその子どもたちという進展でした。この三つのパターンもどれも父親中心に家族が形成されています。

まさしくこれは上井久義が明らかにしたように、妻問婚によって、最初は男性が女性のところに通い、その女性が妊娠して子どもが生まれ、その子どもがある一定の年齢に達したなら、父親が母親と子どもを共に引き取るというのとおなじかたちのように見えます。

❖古代日本の家族のかたち

おそらく最初は同じ村の半族同士で婚姻を重ねていたので、子どもが小さい時には母親の半族と共に暮らし、一定の年齢になると父親の半族の方に移動したのではないでしょうか。その半族が後には氏族となり、ふたつの氏族同士で婚姻を重ねるようになっても、男の子が生まれるまでは妻問が続き、男の子が生まれて一定の年齢に達した時に、母ともども夫の家に移り住むということです。

それは同時に、雲南の多くの民族がおこなっている、はじめは妻は夫の家に住まず実家で暮らすか、もしくは夫が妻の家に居住する「不落夫家」、そして、子どもが生まれると夫の家に移り住むという習俗と同じパターンだと思われます。

『後漢書』「高句麗伝」では、「結婚すると、みな〔新〕婦の家で、〔新郎と共に〕生活し、生まれた子が成長したのちに〔夫の家に〕帰る。[114]」とあり、『三国志』「高句麗伝」には、

高句麗の習俗では、結婚する時、〔両家の〕話し合いがつくと、娘の家では母家の裏に小屋を作る。これを壻家とよんでいる。壻は日暮れになると嫁の家に行き、戸外で自分の名を名のる。そして、跪拝《きはい》し、嫁の宿に入ることを許してくれるよう願うのである。このようなことを二度、三度すると、娘の両親は壻の願いを聴きいれ、〔娘のいる〕小屋の中に宿ることを許すのである。〔この時〕傍に銭や絹を整えておく。〔夫婦に〕子がうまれ、その子が成人すると、〔壻は〕妻をつれて家に帰る。[115]

とあり、妻問婚と同じ習俗を持っていたことが記録されています。韓東亀によると「この『婿入婚』は、降って高麗、李朝社会にかけて、普遍的に行われた婚姻形態である。」[116]とし、さらに井上和枝は「朝鮮家族史研究の現状と課題」[117]で、「朝鮮の婚姻形式には高句麗以来一七世紀ごろまで存続した率壻（男帰女家ともいう）の風習があった。これは婚姻の儀式を妻の家で行い、夫はある期間妻の家に寄留し、年数を経て後、妻子を伴って自分の家に帰る風習である。」として、十七世紀まで続いていたといいます。つまり、結婚後、婿がしばらく通い、妻が妊娠し、子どもを生んだのち、夫の家に移り住むという習俗は、東アジアの多くの地域で見られた習俗なのです。

　このように考えると、今津勝紀が注目した、二十代で子どもを生んでいるにもかかわらず、それらの子どもが戸籍に記入されていないのは、子どもが男子で、五歳ほどにならないと父親のところにいかないので、帰属が定まらず戸籍に記録されていないと考えるとしっくりいくのではないでしょうか。また、女性で二十代で子どもを生んでいることがわかる例が五十例に対して、男性で二十代に子どもをもうけている例がその半分ほどの二十一例というのも、男性の子どもとして認知されているのが、男児ばかりだからではないでしょうか。

　また、戸籍では妻と死別して残された子どもが女児の場合、亡妻・亡妾と記載されるのは、女児の場合は自己（男性）が妻問をする前に、相手の女性がすでに女児を生んでいて、その父親がその女性を引き取らなかった可能性があるからで、その後に、自己の男児を生んだ女性がその女児と共に、自己の籍に入った時には、連れてきた女児と入籍した後にできた女児とを分ける必要があります。そこで、女児に対しては自己の子どもかどうかを明記するために、亡妻や亡妾の子であることを示す必要があるのです。ところが、男児に関しては、自己の子どもだと認識したからこそ母親と共に引き取るわけで、その男児は自己の子どもであることは間違いなく、男児の場合にはたとえ母親が死亡し、その後、父親が再婚したとしても亡妻の子と記載して、その子が自分の子どもであることを証明する必要はありません。要は、男児は必ず自己の子どもですが、母親となる女性の第一子が女児の場合、その父親がその女性を引き取らなかった可能性があり、自己の女児かそうでないかを区別する必要があるからです。

○ まとめ

私たちは、バッハオーフェンの『母権論』から、逃れることはできないのでしょうか。父系的社会を持つマントヒヒには、リーダーシップを発揮する雄が存在しました。また、ロビン・フォックスは、人類が霊長類から引き継いだ性質の一つに「普通は男性が統制をとる。」を挙げています。

シベリアのネアンデルタール人の遺伝子が解明され、男性の受け継ぐY染色体DNAの分析から、成人男性およそ三十~百十個体が交配集団を形成し、一方女性の受け継ぐミトコンドリアDNAからは、その多様性の高さから、ネアンデルタール人は女性が生まれた集団を離れて、異なる集団の中に入っていくという婚姻形態をとっていたことが示唆されるとします。[118] つまり、男性の集団には出入りがなく、女性が移動していたということは、その集団は男性の系譜を中心に維持されていたことになります。

母親は自他共に認める自己の子どもの親であり、自己の生んだ子どもは、自分の遺伝子を繋いでいることは絶対的に明らかです。逆に父親にはその確実性に疑問があり、絶対性が欠如しているが故に自己の系譜にこだわるのではないでしょうか。母は女子を生むことで、永遠の命を得ることができます。しかし、父親がその系譜を継ぐ息子を得るためには、自分の息子を生んだ女性を妻として迎えるのが一番確実なのです。

結婚

レヴィ＝ストロースは家族について、「(1)家族は結婚によって生じる。」と述べていました。E・リーチは結婚について、

通常の英語の用法では、「結婚」という語は、区別はできるが相互に重複している、少なくとも四つの意味で用いられる。

(1)「夫」と「妻」との間、そして「妻の夫」と「妻の子ども」との間における法的な権利と義務。それゆえ、結婚は一人の女性の子どもに社会における嫡出の地位を与える。

(2)　夫と妻とその子どもたちが一つの世帯を形成するための実際的な手配、たとえば、「彼らの結婚は破れた」という句は、離婚による契約関係の終結よりも、居住集団の分解について言及するものである。

(3)夫と妻を、お互いにまず法的に強制力のある契約関係に入らせる儀式（結婚式）。

(4)夫と妻の人格に代表される、姻族関係によって結びついた二つの「家族」をつなぐ同盟の関係。

と、言っています。[119] 要するに結婚によって家族というものが形成されるということです。前述しました私の考える家族の条件をもう一度記すと、

① 同じ遺伝子を持っている。
② 同じ家に住んでいる。
③ 家計を同じにしている。
④ 社会的に家族とされている。
⑤ 同じ氏を持っている。
⑥ 家族だと思っている。

以上の六つの条件のうち、一つでも当てはまるものが家族です。これをリーチの条件に当てはめると、「① 同じ遺伝子を持っている。」は、(1)に見るように、子どもを通じて両親が同じ遺伝子で結び付けられており、(2)は「② 同じ家に住んでいる。」という世帯であり、また、「③ 家計を同じにしている。」ことをも意味しています。さらに(3)は契約関係によって「④ 社会的に家族とされている。」を証明し、(4)は家族が「⑤ 同じ氏を持っている。」ことで二つの家族が結びつけられると捉えることができるでしょう。

ここで私が注目したいのはE・リーチが(3)で述べている「結婚式」です。

❖結婚

結婚式をなぜおこなうのでしょうか。

④の社会的に家族と認めてもらうための儀式と考えることができるでしょう。たとえば、親戚や友人を呼んで披露宴をおこなう場合、招待された人たちは結婚式を挙げた二人を夫婦として認めたことになります。同時に新郎・新婦からすると、臨席した人たちから夫婦になったことを認められたわけです。

現在の日本では役所に婚姻届を出して、新たに戸籍を作ることで、日本国という社会に夫婦として認めてもらうことになります。これも結婚という言葉で表現できるかもしれません。ただ、一般的な結婚式では、神社や教会などで、宗教的儀式や、人前式では証人となる家族や友人に向かって誓いの言葉を述べます。これらは心理的に結婚したことを認め、社会的にも自分たちが結婚したことを認めてもらう行為だと考えられます。ところが、これらの行事の中に役所に婚姻届を出す手続きが含まれることはありません。中には結婚式の時に婚姻届に署名押印するイベントを入れる人がいるかもしれませんが、私は聞いたことがありません。役所への手続きは自分たちの結婚とは切り離して考えているのです。結婚式と婚姻届は分けて考えるほうがしっくりいくようです。

たとえば、親戚や友人を招いて盛大に結婚式をしても、婚姻届を役所に提出しなければ、国という組織からは夫婦として認めてもらえません。また、婚姻届を役所に出していても結婚式を挙げず、また結婚の挨拶状も出さずにだまっていれば、親戚や友人たちには結婚して夫婦になったことはわかりません。国は夫婦として認めていますが、親戚や友人たちはそれを知らないことになるのです。

結婚式の多くは新郎・新婦、それぞれの両親・親戚、友人たちがよばれます。私は神前結婚式でしたが、神前の儀式に出られるのは両親とキョウダイに限られていました。そこで、神社で結婚式を挙げた後、レストランに移動し、親戚たちを招いて披露宴をおこない、さらに友人たちと二次会を楽しみました。今から思うと、まず、親族だけで、神様に夫婦として認めてもらい、次に親戚たちから夫婦として認識してもらい、さらに友人たちから夫婦になったことを祝福してもらったわけで、それぞれ自分たちの付き合う社会が異なり、その社会集団ごとに宴会を通じて夫婦になったことを認知してもらったわけです。

小さな社会だとほとんど全ての構成員がこの儀式を通じて、夫婦であることを知りますが、社会が大きくなるとそういうわけにもいきません。そこで、たとえば女性ならお歯黒をそめたり、振袖から留袖といった着るものを変えることによって、既婚者であることを示します。

多くの民族で女性の衣装に未婚者と既婚者の違いがあります。また、多くの社会ではプロポーズは男性から女性へおこなうことが多いので、女性は見た目で既婚者か未婚者であることがわかるようになっているのです。さらに民族衣装を着ることによって自己の帰属している民族や村などがわかるようになっています。中国の雲南省のように多くの民族が暮らしているところでは、民族衣装の意味するところは重要だと考えられ、男性は漢民族と同じような中山服やスーツを着るようになっても、女性はなかなか民族衣装を脱ぐことはありません。これは、日本でも成人式や友人の結婚式など儀式の際に、男性はスーツ姿が多いにもかかわらず、未婚女性が振袖を着ることと同じ理由が考えられます。これらは声をかける男性側からすると、声をかけても良い相手と悪い相手を見分けるための目印になるのです。

柳田國男は「婚姻の話」で、婚姻の成立には本来三つの要件があったといいます。一つは当人同士が意気投合すること、一つは「婚姻があれば、姻族の關係、即ち二代三代の間は少なくとも親類同等、今では殆と親族を凌駕するやうな關係が結ばれる。是も細かく分けると夫婦の盃の外に、嫁聟と相手の舅親との親子盃、次には兄弟近親との盃、さらにはその雙方の親類同士の、是から附合はなければならぬ間柄の盃があつた。是だけを盃事と謂ひ、以前は是非とも一つの甕の酒、一つの鉢の食物を共食しなければならなかつた。」という姻族関係との結合、そして、一つが「社會の承認、今日の言葉でいふと披露であつて、是も絶對に缺くべからざるものであつた」とします。[120]

本来結婚式というものは男女が夫婦になることを世間的に認めてもらうことと同時に、嫁入りの場合は男性の家、つまり婿側の家にどのような女性が嫁入りするのかが大事で、婿＝夫の親族からすると新たに仲間入りする女性がどのような女性か認識してもらう意味があります。したがって、大事なのは新婦＝花嫁＝新たに加わる家族がどのような人物かをお披露目する儀式となります。婿側の親族にしてみれば、嫁をもらう婿＝新郎については、その両親や兄弟は当然のこと、オジ・オバ・イトコたちをはじめとして、もともとよく知っている存在なのです。ですから、信濃川の上流、新潟県中魚沼郡では、婚礼はミスギとよばれ、以前は花聟の家で花嫁と多くの客を迎えて盛大に挙行された。花嫁を正面に座らせ、式は親子盃を中心に型通り進められた。ところが、世間普通の方式と変わって、この地方では花聟は式場に出ないしきたりであった。

したがって、花聟、花嫁が一世一代の晴れ着であい添い、三々九度の契りを交わすといった光景は現れるはずもなかった。花聟はふだん着のまま、勝手の方で祝い酒の燗をするぐらいの役しかなく、「聟はかん太郎」などとひやかされたという。[121]

とあって、花婿が式に列席しないことを世間普通の方式とは異なるように述べていますが、三重県伊賀町でも、「婚礼の席には新婦のみで聟は座らないという。この日の聟は小間づかいか『かん太郎さん』といわれている。」とあり、「〈フーフノサカヅキ〉は嫁から聟に渡って仲人で納める。聟は同席しないので、台所などに持ってきて飲ませる」とか「『聟の盃みたことない』といい婚礼の席には聟は座らなかった」などとあります。[122]さらに静岡県下田市加増野では、婿は親戚、近所の人と一緒に嫁を迎えに行き、嫁方で夫婦の盃、婿と嫁の両親との親子の盃、婿と嫁方の仲人の盃が取り交わされ、また婿の家に着くと嫁方の家と同じように夫婦の盃、嫁と婿の両親との親子の盃、嫁と婿方の仲人との盃事がおこなわれますが、親の席は設けないで盃事の時だけ親が出てきて、以前には嫁方の家では嫁が、婿方の家では婿が席に出ずに夫婦の盃事はなかったといいます。[123]

琵琶湖の沖島では、嫁が婿の家に着くと、

> 座敷の正面に花嫁が座る。その左右に送ってきた二人の女性が座る。婿方から迎えにいった二人の女性が、この三人にお茶を出し、続いてお膳、酒を出し、給仕をする。婿方の女性二人が、花嫁と送ってきた女性二人を客として迎えて、接待するという形である。

とあり、男性は座に出ないのが普通であったとします。婿の父親が座に着くことも、花婿が座に出ることもなく、「昔は、婿さんの留守の間に嫁にいったものだ」と言われており、ただ、婿を迎える時には逆に、全て男性の手によっておこなわれ、宴の給仕も男性がおこなうそうです[124]。

つまり、結婚式、特に披露宴はまさにお披露目の席であり、したがって嫁の家での披露宴は嫁は出席する必要がなく、婿の家の披露宴では婿は出席する必要がないのです。嫁の家では嫁のことはみんなが知っており、婿の家では婿のことはみんな子どものころから知っているのです。ですから、出席する必要はないのです。

一方、国は結婚について、どのように考えているのでしょうか。

○　不貞行為

日本国憲法では、

第二十四条

婚姻は、両性の合意のみに基いて成立し、夫婦が同等の権利を有することを基本として、相互の協力により、維持されなければならない。

配偶者の選択、財産権、相続、住居の選定、離婚並びに婚姻及び家族に関するその他の事項に関しては、法律は、個人の尊厳と両性の本質的平等に立脚して、制定されなければならない。

と規定されています。ここに愛情という言葉が含まれていないのです。合意＝愛情ということでしょうか。

以前、ある法律の専門家に聞いたのですが、ある女性が夫の浮気を理由を離婚を申し立てました。ところが裁判所はそれを認めませんでした。なぜなら、彼女の夫の浮気相手は男性だったのです。以前の法律では、離婚の条件として、異性に心奪われて、妻を顧みなくなった場合に不貞行為とみなされ離婚請求ができたそうです。したがって夫の浮気相手が男性の場合は不貞行為として認められず、離婚請求ができなかったのです。

したがって、夫は不貞行為をおこなったということにはならず、離婚は不貞行為ではなく、別の理由によって認められるようになっていたそうです。つまり、愛情という情緒面については考慮されていなかったのです。

このように最近まで、不貞行為については「配偶者のある者が、自由な意思にもとづいて、配偶者以外の者と性的関係を結ぶこと」と規定されていて、「同性愛行為は不貞行為に該当しない」とされていたようです。

ところが、この憲法第二十四条にある「両性」の解釈について、二〇二一年二月に東京地方裁判所で、夫が妻の不倫相手（女性）に対して慰謝料を請求し、それが認められました。つまり、浮気相手が同性であっても「不貞行為」とみなされたわけです。[125]

◯　遺産相続に見る家族

国が家族をどのようにとらえているかについては、ある人物が死亡しその人が残したものを、誰が引き継ぐか、つまり遺産を相続できる人物という観点からもとらえることができます。

国税庁は相続人について次のように説明しています。[126]

死亡した人の配偶者は常に相続人となり、配偶者以外の人は、次の順序で配偶者と一緒に相続人になります。

なお、相続を放棄した人は初めから相続人でなかったものとされます。

また、内縁関係の人は、相続人に含まれません。

〈第1順位〉

死亡した人の子ども

その子どもが既に死亡しているときは、その子どもの直系卑属（子どもや孫など）が相続人となります。子どもも孫もいるときは、死亡した人により近い世代である子どもの方を優先します。

〈第2順位〉

死亡した人の直系尊属（父母や祖父母など）

父母も祖父母もいるときは、死亡した人により近い世代である父母の方を優先します。

第2順位の人は、第1順位の人がいないとき相続人になります。

〈第3順位〉

死亡した人の兄弟姉妹

その兄弟姉妹が既に死亡しているときは、その人の子どもが相続人となります。

第3順位の人は、第1順位の人も第2順位の人もいないとき相続人になります。

このような財産を引き継ぐために必要なものとは何でしょう。私の例を引き合いに出して恐縮ですが、私は父が死亡した時、税理士に相続の手続きをお願いしました。その時、税理士から次のような書類を揃えるように言われました。

死亡者の戸籍謄本または「法定相続情報一覧図の写し」
相続人全員の印鑑登録証明書
相続人全員が署名・押捺した「相続に関する依頼書」
死亡者の通帳・証書・キャッシュカードなど
相続手続きをする手続き者の実印
また、あれば「遺産分割協議書」、「遺言書」、「各種審判書」です。

死亡者の戸籍謄本は、基本、生まれてから死亡するまでの全てが必要で、どうして全ての戸籍謄本が必要になるかといえば、相続人となる可能性のある人物全てを確認するためです。これは、実際に本人が家族と考えている人物を確認するのではなく、国が家族・親族として認めているものを確認させるための作業です。
ある男性が死亡し、葬式の場に突然見ず知らずの人物が現れ、死亡した男性の子どもだと名乗り、相続権を主張するかもしれません。私たちはドラマの一コマとして、そのようなシーンを目にしますが、本当にその男性の子どもであるなら、国はその人物を家族として認め、遺産の一部を相続することを認めているのです。したがって、相続権のある人間全員が了承していることを示すために相続人全員が署名・押捺した「相続に関する依頼書」が必要となるのです。

既に述べたように、私の妻はこうした役所における手続きを、私の委任状なしにはできません。ところが、直系血族という理由で、息子は未成年にもかかわらずできるのです。つまり、死亡した父と私と息子は家族として認められ、私の妻は家族ではないかのように扱われます。生前は食事を作り、車椅子を押して病院の送迎えをし、死亡時には真っ先に病院に駆けつけたにもかかわらず、です。

つまり、国家が規定する家族や親族と、実際に私たちが考えている家族とは異なるかたちなのです。

◯まとめ

結婚にはふたつの種類があります。一つは結婚式によって親族や友人、地域社会などに夫婦と認められる行為です。もう一つは国によって法的に夫婦として認められることです。

親族などに認められる結婚というのは、あるイエに新しいメンバーが加わる儀式であり、結婚式はそのお披露目式となります。したがって、嫁入り婚の場合、どのような女性が新たにそのイエの一員になるのかというのが親族や近隣住人の関心事であって、そのイエにもとからいる婿（新郎）は、結婚式の場にいる必要がないのです。

国によって認められる結婚というのは、役所に婚姻届を出して、法的に夫婦と認められ、新たに戸籍を作ることです。この手続きによって、実際には家族として認識していないような人物が法的に家族に加えられることもあります。その人物は、私が家族の要素としてあげた「④　社会的に家族とされている。」家族、つまり国家という社会によって認められた家族といえるでしょう。

一妻多夫婚と母系制

最後に二つの家族のかたちを見てもらいます。一つは一妻多夫婚で注目されているチベット族で、もう一つは母系家族として注目されている摩梭《モソ》族です。

○ チベットの一妻多夫婚

メルビン・C・ゴールドスタインの「私の夫たち」[127]では、一妻多夫婚を兄弟多夫婚として説明しています。

兄弟多夫婚のメカニズムは単純である。長兄が結婚するとその弟たちも、兄嫁の夫となるのである。だから、二人か四人、あるいはそれ以上の数の兄弟が「一人」の妻を娶り、彼女は「かれら」といっしょに暮らす。伝統的に結婚は、両親によって子どものころにすでに取り決められている。とりわけ、女の子の場合はごく小さい時、あるいはまだ乳飲み子のころに決められてしまう。こうした極端な例は最近減ってきているものの、両親の同意なしで結婚できないのはいまでも変わりない。

結婚「式」は、地域や収入などによってことなる。とくに兄弟多夫婚の場合、形式的に長兄だけが花婿のように振舞うが、一緒に結婚することになる兄弟の人数によっても変化する。兄弟の年齢も結婚のかたちの決定におおきな役割りを果たす。幼い兄弟は実際の結婚に参加することはほとんどなく、一般に一五～一六歳になると結婚に加わるようになる。

とあります。ただ、ここで覚えておいてほしいのは、結婚式の花婿は長兄だけだということです。さらに続けて、

子どもたちもわけへだてなく育てられる。子どもたちを生物学的に特定の父親に結びつけようとすることもなく、また父親たちも、たとえ自分の子どもであることが明確である場合（たとえばほかの兄弟が不在の時に妊娠したというような理由で）でも、特定の子どもを偏愛することはない。子どもたちのほうでも、どの父親が自分のほんとうの父親であるか知っていたとしても、みんなを父親として接している。

地域によっては、「父」ということばは、年長の父だけに使われ、ほかは「父の兄弟」とよんだり、またべつの地域では父は父だが、「年長の」とか「若いほうの」といった修飾詞をつけて区別するところもある。

私たちはすでにこの「父親が誰であろうとみんな父親である」という意味は理解できるようになっていると

思います。それは、父系をたどるならば、父もその兄弟も、「チ」のグループに所属するわけですから、誰が「チチ」親で誰が「オヂ」さんであろうとその系譜と役割はそんなに変わらないわけです。兄弟は皆同じようにチチ親から同じY染色体を受け継いでいますから、共通する遺伝子を受け継いでいくという意味おいても、どのチチ親の子どもであろうと同じです。

この、一妻多夫婚をする理由について、

兄弟多夫婚をなんで選んだのか。チベット人自身の説明は、即物的である。たとえば、ドルジェ（人名：大原）に、「どうして君は自分一人の妻を娶らずに、二人の兄弟といっしょに嫁をもらうことにしたのかい？」と聞いたら、かれはしばらく考えこんでから、「家族の畑と家畜を分割しないためかな。それに、暮らしぶりをいまよりもっとよくしたいからね」と答えた。

そして、ゴールドスタイン自身は、次のように考察しています。

兄弟多夫婚の存続として採用すべきもののひとつは、ある程度の数の女性を終生、未婚状態のままにすることによって、人口増加を減少させて、ひいては、乏しい自然資源の過剰消費を減らすことができるというものである。

リミ（調査地の名前：大原）における兄弟多夫婚をみると、一人の妻に対して平均二・三五人の夫がいる、しかも、二〇歳から四九歳の出産可能年齢にある女性のうち、実に三一パーセントが結婚していないのである（一九七四年時点）。こうした未婚女性は生家に残ったり、自分の所帯をつくったり、ほかの家族の使用人として働いたりしている。彼女たちは尼僧になることもできる。

未婚でいることは、種の再生産のシステムからの除外を意味するものではない。表立たない性的婚外交渉は、おおめにみられる。……中略……。

兄弟多夫婚は人口を安定させる働きがあるが、兄弟多夫婚のこうした側面はチベット人も明確に意識しているわけではなく、したがって、彼らが首尾一貫してこのシステムを選ぶ理由としても、意識されていない。


さて、どうでしょう。大事なのは兄弟多夫婚つまり一妻多夫婚をする理由について、チベット人はそんなに意識していないということです。先ほどのドルジェへの質問の時に、ドルジェが「しばらく考えこん」だのも、すぐには答えが出ず、おそらくそれがどうしてか自分なりの答えを導き出そうとしたからではないでしょうか。

大事なのは自分の家族に一人の女性が嫁いできて、自分たちの子孫を残してゆくということが大事であり、結婚式はそれを社会的に認めてもらう行為ですから、長兄との間でおこなわれれば、この家の嫁としての地位が社会的に認められるわけです。

そうして子どもが生まれると、子どもを通じて父親たちと母親と子どもが遺伝子によって結ばれ、家族の条件が、①同じ遺伝子を持っている。②同じ家に住んでいる。③家計を同じにしている。④社会的に家族とされている。という四つの条件に当てはまることになります。

問題を整理しながら、チベットの婚姻形態についてもう一度考えてみましょう。チベットには一妻多夫という婚姻形態があり、この形態は非常に珍しいものだということです。しかし、こういう形態をとるには必ずなんらかの理由があるはずだと考えます。

そこで多くの学者は、土地が貧しく、多くの人口を養えない場合には人口を抑える必要があるからだと考えました。兄弟で一人の女性を娶れば、人口が抑えられると考えたのです。たとえば、ここに両親と息子二人の四人家族のイエがあったとします。彼らのもっている土地では六人しか食べていくことができないとします。したがって、兄弟それぞれに嫁をもらうとそれだけで、六人となってしまい、もしそれぞれに子どもができると食べていけなくなります。したがって、兄弟で一人の女性を娶ると、家族は両親と息子二人、彼らの嫁という五人になり食べていけます。そこに子どもができても、六人です。しかもその子どもが成人するころには両親、つまり、子どもの祖父母のどちらかが死亡し、子どもが二人できても暮らしていけることになります。また、女性が一人ということは、できる子どもの数にも限りがあり、二人、三人と子どもを増やしていくにはある程度の時間がかかるということです。

このように考える場合、たしかに多くの人類学者が調査した場所は土地がやせており、新たに土地を確保することができず、新たに収入を増やす手段がない場合は有効な方法だと言えるでしょう。ところが、実際には貧しい家庭ではなく、そこそこ裕福な家庭に一妻多夫婚が見られます。したがって、この一妻多夫婚という形態は、人口抑制作用だけでなく、実はそこそこ裕福な状態を維持するために存在するのではないかとも考えられます。自分たちの生活の質を落とさないシステムだというわけです。

私たちのような外国人が調査できたのは、ネパールなどチベットの周辺地域だけでした。チベット本土での民族調査はほとんどできませんでした。以前にはチベットが外国人の入国を認めていなかったこともあります。したがって、チベットに秘密裏に入り込んだわずかな外国人の見聞録しかなかったのです。さらに第二次世界大戦以後、中華人民共和国が成立し、日本との交流が途絶えていたことにくわえて、なかなかチベットが外国人に対して門戸を開いてこなかったということがあります。現在でもチベット本土で外国人が自由に民族調査をすることは難しいようです。

実際、チベット本土ではどのような婚姻形態を持っているのでしょうか。一九五〇年代に中国の研究者たちによって、藏族社会歴史調査が実施されました。「藏族」というのはチベット族のことです。その報告書が一九八〇年代後半になってやっと出版されたのです。調査自体は大雑把なものですが、チベット人の婚姻形態について重要な内容を含んでいます。

以下にその調査報告書『藏族社会歴史調査（二）』[128]から一部を翻訳して提示します。

「七、婚姻と家庭」

（一）婚姻

山南地区の婚姻制度は西藏その他の地区と大体に於いて、同じである。一夫一妻を主にして、一妻多夫、一夫多妻の形式がある。婚約、結婚について、富戸においては、父母が決めるものが多いが、貧しい家の子どもは自由恋愛が多い。自由結婚について人々は、「鳥が勢いよく空を飛んでいるときに、石が命中した。」(bya rdo las 'phrad/ チベット語のローマナイズ、以下括弧内のローマ字も同じ：大原)」と言う。女子が出嫁するのと、男子が入婿するのと見方は違わない。入婿は恥ずべきことではないが、総じて出嫁の方が多く、入婿は比較的少ない。人々は、「息子は父業を継ぎ、娘は嫁に行く。」(bu pha gzhis bu mo mi sgo/)と言う。これは不変の真理で、娘は家に残る必要はない。しかし、隆子加玉、森格宗等の地には、「パガン」(pha rkang)、「マガン」(ma rkang)という言い方がある。つまり、委任されている土地が、父親の名義によって残ってきているものを「パガン」と言い、この種の家庭は多く息子に嫁を取り、娘を嫁に出す。相反して、祖先からの生業が母の名義によって受け継がれているもの（父が早くに死亡したか、あるいは息子がいない等）は、「マガン」と呼び、この種の家庭は娘に入婿をとる。また、一部の家庭では息子に嫁をとるのと、娘の入婿を同時にするが、しかし一般的に同居は長くせず分家する。

1、いく種類かの婚姻形式と人々の見方

（1）一夫一妻

既婚家庭の多数を一夫一妻が占めている、しかし兄弟のそれぞれが妻を娶るか、あるいは姉妹の各々が入婿をとって同居することはない。いくつかの兄弟の家庭では、兄弟で一人の嫁を娶るか、各自で情婦をさがす。一人が妻を娶ると、その他の兄弟は分家してそれぞれ妻を娶るか、出家するか、入婿に行く。なぜ兄嫁と弟の嫁が同じ家に住まないのかについては、そのようにすると［家庭の］団結に良くないとされているからである。

（2）一妻多夫

一妻多夫の家庭は、一種の奇形的形式であり、したがって数も一夫一妻の家庭ほど多くないが、しかし各地に存在し、珍しくはない。一妻多夫の家庭は以下のような状況がある。

一、兄弟で妻を共有する場合。

兄弟で妻を共有するのは一妻多夫の家庭の主要な形式である。比較的裕福な差巴［cha ba］の家庭に多く見られるが、非常に貧しい家庭にもある。なぜ差巴の家庭に多いのだろうか。人々が言うには「差巴には土地があり、向上発展しようとする」からである。事実少数の大戸が、向上発展する可能性以外には、大多数の差巴はもし、人力を分散して家財をためないでおくと、奴隷主の虐待に抵抗することが難しい。兄弟が仲良く妻と共にいる家庭は人々には良い事だと認識され、賞賛されるに値する。

a：兄弟の団結は、労働力を高め家を発展させることが容易である。

b：兄弟が、一つの家に居り、分家や分散をしなければ、財産を集中して保持しておくことができる。

c：数人の夫と集団生活ができる一妻多夫の婦女に対して人々は、彼女の心は広く強いと言い、良い女性だとする。一妻多夫の仲睦まじい家庭を老人が引用して後継の見本となるよう教育することがある。

兄弟で妻を共有する家庭では、一般に二人兄弟で妻を共有するが、三、四人の兄弟で妻を共有するものもある。初婚の時には、一般的には長男が妻を迎え、その後残りの兄弟が加わる。生まれた子どもは長男を父と呼び他を「叔父」と呼ぶが、言うところの「叔父」が彼らの父である可能性もある。

二、友人同士で妻を共有する場合。

妻を共有して後に仲間になって一家を成す。この種の事実を作り上げるものは、一般に二人同時に妻を迎えるのではない。先に一人が妻を迎え、その後に別の一人が加わるのである。友人同士で妻を共有している者の後から来たものは、大半が西藏兵である。一般的な状況は、最初の夫が比較的貧しく、また能力が余り大きくなく、しかも妻が比較的若く綺麗な場合である。後から加わった夫は、一般的にはいくらかのお金で家庭を助けることができ、二人の夫双方とも欲張りな場合（時には、強制的性質のものもある）に成立する。もし二人の夫が同じ主人に属していなければ、その子どもが属する主人を決定するのに、しばしば領主の間に争いを起こす。例えば、拉加里 [la jia li] の属民である単真 [dan zhen] と夏洛 [xia luo] の属民の一人が、共に拉加里の娘を妻にし、才仁洛布 [cai ren luo bu] と言う男子ができた（現在、石工）。才仁洛布の主人を決める時になって、双方の領主が争い、その子が二人の父親のどちらに顔つきが似ているかという方法をとり、才仁洛布は夏洛の農奴と決まり、その場の争いは解決した。友人同士で妻を共有する家庭では、人々の世論は最初の夫に対して余り良くなく、人の財貨をあてにしたと言う。その実、状況は全くそうではない。

三、親子で妻を共有する場合。

この種の状況は非常に少なく、全て息子の母親が死んだ後の家庭に存在する。この種の事実を作り出すのは大抵に於いて、息子の嫁においてであり、妻のいない父親と嫁との関係が発生した場合である。この種の家庭の於いて、当事者たちはいっこうに隠しだてはしないが、人々は見下している。彼らは、「脳味噌と血液が混ざってしまった。」(kard khrak bsres pa/)という。この種の家庭はやはり団結は難しく、ある人は『オウムの物語』の中の話を引用して「嫁が夫と舅の前で、いい子ぶろうとしたことが父と子の関係を挑発し、お互いにじゃま者にしてしまう。」と言っている。その実この罪を作り出すのは、一般的に男性の責任であり、嫁は故意にいい子ぶろうとした訳ではない。この種の婚姻関係における子どもは、一般に親子で妻を共有している父の方を「おじいさん」と呼び子どもの方を「おとうさん」とよぶ。

(3)一夫多妻

一夫多妻の状況も非常に複雑であり大体以下のように区分することができる。

一、姉妹が夫を共有する場合。

これは一夫多妻の家庭で多数を占め、大半が貧乏な家庭でおこなわれ、夫が入り婿し、姉妹が一人の夫のところに嫁ぐことはない。人々はこの種の家庭を非難することはなく、兄弟で妻を共有しているものと同じように見ている。

二、それぞれの妻同士に親族関係の無い一夫多妻。

この種の状況は非常に複雑である。一人の夫が二人以上の妻を持つ場合、あるものは封建的特権階級の者で、妻と妾のようなかたち。しかし数は非常に少ない。農奴における一夫多「妻」は、大部分に於いて情婦が後妻となったもので、男子の家庭に嫁入りしない。人々はその情婦を「切削機」と呼ぶ。人々は情婦を探す男性に非難的で、「空っぽの頭」と呼び、前妻と子どもたちの苦痛を考えず、「罪」をかえりみない人だとする。人々が非難的態度を持っているにもかかわらず、この種の「罪」を作る男性は少なくない。夫のいる婦人がもしでたらめや非道な行為をしたら、男性のひどい目に遭う。ある人は、男性のこの種の封建的特権に一つの拠り所を探して言った。「夫は門を出て、妻はずっと居る。」意味は男性は大股で門を出て、情婦を探すことができるが、妻はずっと貞節を守るということである。この種の性生活の乱雑さは、夫婦間に多くのもめ事をつくり、また多くの婦女が不幸な目に遭う。ある婦人は、やきもちと嫉妬でお互い殴り合い、甚しきは、相手の髪の毛の片側を切り落としたり（顔は要らないと言う意味）、鼻を折ったり、相手の容貌を傷つけたりする。一方的に無茶をする者については、夫婦の感情に破綻をきたすものがさらに多くなる。しかしながら、十分貧しい家では、この種の男女間のもめ事は比較的少なく、夫婦間はお互いによく忠節を尽くしている。

三、母と娘が同じ夫に嫁ぐ場合。

この種のものは、比較的まれであり、一般的には、比較的若い母親の夫が死に、娘がまだ幼く、母は入り婿をとって家務をささえる。娘が成人するのを待って再び父と同居する。そこで人々は、「この種の男性は、一般的に名義上は、母と結婚し、実際上は娘が成人するのを見ている。」という。この種の家庭の当人も忌み避けることはしないが、中にはこの種の男性は良くないとする。例えば、加玉のある人は、「母と娘を独り占めをするのは全く良くないことだ」という。然るべき排斥を受けるが、しかし、ある人はこの種の家庭に批判を加えず、泰然と構えている。彼女たちの生んだ子どもは、皆な生みの母親を母と呼ぶ。

2、結婚における禁忌と自由程度

（1）親族における婚姻の禁忌

父が兄弟関係にあるもの同士（父方平行イトコ：大原）の結婚、母が姉妹関係にあるもの同士（母方平行イトコ：大原）の結婚、母が父の姉妹関係にあるもの同士（父方交差イトコ：大原）の結婚を厳格に排除し、甚だしいのは、双方に親属関係があると知っただけで、それが遠い近いに関係なく通婚は許されず、この禁忌は人々によく守られている。もしも、親戚と通婚したなら、隣近所も頼れず、「青草は枯れ、水源も涸れ、毎日雨も降らない」と言い、それだけでなく批判も多く、官吏に告げられ処罰される。近い親戚と通婚したと聞くと、牛の皮袋に詰め込んで川に沈める死刑にする。

以上のように、一夫一妻、一夫多妻、多夫一妻という婚姻形態についての報告があります。これらチベット族の婚姻関係においても母方交差イトコとの結婚は禁忌に入っていないようです。

チベットは農耕社会と牧畜社会があります。方言はあるものの同じチベット語を喋り、同じような文化を持ちながら、農耕と牧畜というはっきり異なる生業を持っています。さらにそれだけ異なる生活様式を持ちながらも共通の婚姻形態を持っているのです。以上のことを踏まえた上で、一妻多夫婚を中心にもう少し詳しく見ていきましょう。

一妻多夫婚の具体的な例について報告している六鹿桂子の「チベット族の村の比較から婚姻を観る」[129]は、同じ家が一世代だけではなく、何世代にもわたって一妻多夫婚がおこなわれている事例を紹介しています。決まった世代だけでなく、普遍的におこなわれてきたということです。

『藏族社会歴史調査（二）』[130]では婚姻形式について次頁上図のように表にまとめています。この表では、上の方が比較的裕福な家庭となっています。一番上に位置する「代理人」というのは領主からその土地の管理を任

階級＼項目		一妻一夫（組数）	各種婚姻形式 一妻多夫 父子共妻	兄弟共妻	其他	一夫多妻 姉妹共夫	其他	婚姻総数	総戸数
差巴《チャパ》	代理人	2	1	2	1			6	6
	富裕農奴	5		3		3	1	12	10
	中等農奴	26	1			1		28	28
	貧苦農奴	26	1		1			28	33
	小計	59	3	5	2	4	1	74	77
堆窮囊生 堆窮《ツイチョン》	代理人	1						1	1
	中等農奴	2						2	2
	貧苦農奴	18				1		19	34
	囊生《ノンシェン》	8						8	27
	小計	29				1		30	64
合計		88	3	5	2	5	1	104	

階級＼婚姻		一夫一妻 組数 総数	人数 男	女	総数	一夫多妻 組数 総数	人数 男	女	総数	一妻多夫 組数 総数	人数 男	女	総数	共計 組数 総数	人数 男	女	総数
領主代理人	数量	4	4	3	7					1	1		1	5	5	3	8
牧主	数量					1	1	2	3					1	1	2	3
富裕牧民戸	数量	19	15	17	32	1	1	1	2	3	5	2	7	23	21	20	41
中等牧民戸	数量	28	20	25	45	1	1	1	3	7	11	7	18	36	32	34	66
貧苦牧民戸	数量	175	136	163	299	10	9	17	26	17	29	14	43	202	174	194	368
総計	数量	226	175	208	383	13	12	22	34	28	46	23	69	267	233	253	486

されている家で、領主の代理人という意味です。そして、富裕農奴、中等農奴、貧苦農奴と続きます。さらにその下には自分の土地を持たない堆窮（ツイチョン、チベット語からの音写）や嚢生（ノンシェン、チベット語からの音写）がいます。このツイチョンとノンシェンで一妻多夫婚が見られないのは、彼らにはもともと財産がありませんから、財産の分割を防ぐための一妻多夫婚をする必要がないのです。

そこで、ある程度財産を持っている差巴《チャバ》を見てみますと、六戸の代理人のうち一夫一婦婚は二戸、四戸が一妻多夫婚です。さらに裕福な農奴においても十戸のうち三戸で一妻多夫婚、四戸で一夫多妻婚がおこなわれています。そしてこの一夫多妻婚の多くは姉妹に一人の夫ですから、入り婿の可能性もあります。つまり、この表を見る限りにおいては、たしかに財産分割を避けるためとも考えられますが、それは土地を分割すると生きていけないからというよりも、現状の生活を維持するためという理由の方が可能性がありそうです。

ところが、土地等の財産を持たない遊牧民でも一妻多夫婚がおこなわれているのです。

○ 牧畜

『藏族社会歴史調査（三）[131]』に、前頁下図のような表が示されています。

ちょっと見にくいかもしれませんが、まず、左端には牧民の階級が示されています。領主の代理人と牧主を合わせて六組の夫婦があり、その中で一妻多夫婚をおこなっているのは一組だけです。その下の富裕牧民と中等牧民、貧苦牧民という項目が一般的な牧民を三つの階級に分けたもので、富裕戸には十二人もの使用人を抱えているものもいます。中等牧民は各家六頭から二十頭の牛を私有しています。また、わずかながら商業もおこなっています。最も裕福な中等牧民として挙がっている例は、七人家族で使用人が一人、二匹の馬と二十八頭の牛、八十匹の羊、十四匹の山羊、さらに政府から貸し付けられた牛が一頭、羊が六匹、ヤギ二匹、他人に貸し付けている牛が十九頭です。

　貧苦牧民は私有する牛は五頭以下であり、基本的には家畜は私有せず使用人となったり、様々な仕事して生活しています。[132]

　では、表に戻って、貧苦牧民二百二組の夫婦の中で、一妻多夫婚が二十九組、中等牧民三十六組の夫婦のうち一妻多夫婚は七組で、富裕牧民も二十三組の夫婦の中で、一妻多夫婚をおこなっているのが三組あります。比率的には富裕牧民と中等牧民を足すと五十九組中十組が一妻多夫婚となり、そこそこの割合となります。

　牧畜というのは土地の面積によって収入が決まるのではなく、家畜の量によって収入が左右されるので、家畜を増やすことで一妻多夫婚をしなくても済むのではないかと考えられますが、どうもそうではなく、やはり中等から富裕層にかけて一妻多夫婚の割合が高くなるようです。具体的な家族構成がわからないので、それがどのように機能しているかは推測しかできません。

　このようにチベット族はその生活状況にかかわらず、一妻多夫婚が見られるのですが、兄弟で妻を一人娶る場合、結婚式には長男が出席し、弟が兄と同時に婚礼に参加するということはありません。そして、子どもは一番上の兄を「父」と呼び、そのほかの兄弟を「叔父」と呼びます。また、社会的には兄弟で一人の妻を持つことをよいことだとしているということです。

以上をまとめると、チベット族の一妻多夫は経済的な理由によって支持されており、農耕民や牧畜民の両方の社会で認められた婚姻形態だということです。

しかし、私たちはすでに、性交渉と婚姻が必ずしも同じことを意味するものではないということを理解しています。つまり、これらの事象をよく見ると、結婚式は一人の男性と一人の女性のためにおこなわれ、子どもはその母と結婚式を挙げた男性を「父」と呼ぶわけですから、これはあくまでも一夫一妻婚を基礎にした家族関係だというふうに見ることができるのです。本当に社会的に一妻多夫婚が認められるのであれば、兄弟揃って結婚式で新郎としての役割を果たすはずです。ですから、もともと、家族というのは一組の男女による一夫一妻が基準で、経済的もしくはその他の理由で弟たちが独立せずに家に残っているというのが一妻多夫婚の状態ではないかと考えられます。

大川謙作は「一妻多夫婚研究における文化vs経済モデルの再検討：チベット系諸民族における婚姻諸形態とその選択を巡って[133]」という論文で、上記の議論に真っ向から挑みました。つまり、一妻多夫婚というのは、そもそもそういう文化を持っているのか、それとも経済的理由が原因でおこなっているものなのか、という議論に終止符を打とうとしたのです。現在主流となっている、自然環境などによって人口が増えると生きていけないので、人口を抑制するために一妻多夫婚をおこなっているという理論については、人口を抑制するだけなら、ヨーロッパなどで見られる晩婚であるとか、日本で見られたマビキなど、他にも有効な手段があり、わざわざ一妻多夫婚をする必要はないとします。

たしかに、人口増加を抑えるために、中華人民共和国では晩婚晩育を奨励し、男性は二十二歳、女性は二十にならないと結婚できず、また一人っ子政策という産児制限を長い間おこなっていました。

大川はチベット語には三人夫婦という意味の「サスム」という言葉があり、一夫多妻婚や一妻多夫婚に対して一般的に使われており、チベットでは一妻多夫婚が結婚形態の一つとして認められているということが重要だといいます。つまりその文化として、そういう婚姻形態を許容する文化的背景を持っているというのが大事だと結論づけているのです。ただ、大川の論文の目的は人類学という学問のスタンスに提言をするもので、この本の主題とは異なるので、これ以上は言及しません。

一妻多夫婚が社会的に認められていることが珍しく、そこばかりが注目されますが、一方で姉妹による一夫多妻婚が存在することも考え合わせて考える必要があります。また、兄弟が一人の妻を迎える一妻多夫婚や、姉妹が一人の婿を迎える一夫多妻婚よりも、一夫一婦婚が多数を占めていることを忘れてはいけません。いわゆるイエに一組の夫婦がいるという基本構造が大事なのです。つまり、一妻多夫婚は一つの家に一人の嫁を娶るということであり、一夫多妻婚は、一つのイエに一人の婿を入れるということなのです。そこに性関係を考慮する必要はなく、結婚式はそのイエに新たな構成員を迎える儀式であり、キョウダイは同じ遺伝子を持っているわけですから、誰の子どもというわけではなく、生まれてくる子どもはそのイエの子どもなのです。

○摩梭《モソ》族の母系制社会

母系制社会を今でも維持している民族と注目されたのが、中国の雲南省や四川省に住む納西族の一支系の摩梭《モソ》族です。

摩梭族は走婚と呼ばれる日本の古代の妻問婚に似た習俗を持っています。つまり、男性が夜に意中の女性のところに通うというものです。しかし、完全な母系制として注目されるのは、その家族構成です。

家の中心は母家《おもや》です。母家の中は左奥に囲炉裏があり、その正面に祭壇があります。祭壇から見て右側が家長の寝る場所で、囲炉裏の左側が客の座る場所となります。[134] この部屋を曹惠虹は「祖母の間」と呼んでいます。[135]

祭壇から見て左右に大きな柱があり、右の柱が女柱、左の柱が男柱と呼ばれ、右の柱のそばに家長の席があり、そのそばが家長の寝る場所となります。この「祖母の間」は家族が食事をとる場所であり、家族会議もここでおこなわれます。右が上席で、したがって女性は囲炉裏の右側に座ります。女性の家長が首席を占め、その他の女性たちは世代と年齢順に座っていきます。囲炉裏の左側は男性の席次であり、同じく世代順・年齢順に座る場所が決まっています。[136]

一つの家族は多くは三世代で、祖母とそのキョウダイ、母とそのキョウダイ、娘とそのキョウダイとなります。名前はまず、家名があり、その下に個人の名前があり、姓と名となります。家名は場所の名前もしくは、その家の始祖にあたる女性の名前に由来します。[137]

瀘沽《ろこ》湖畔に住む摩梭族（ナシ／納西族の一部とされている）は、走婚のことをアチュ婚と呼びます。遠藤織枝は、摩梭族のことを、「二十一世紀を迎えた現在もなお、女性の家長を中心にした母系家族を維持し、男性は好きな女性の許に通って夜だけ過ごす通い婚（現地では走婚と言う）の制度を続けているグループである。[138]」と紹介し、母系社会については、

母親の系統が中心ということは、一家は母親から娘へと続いていくことを意味する。家長である母親がいて、その子どもたちがいる。子どもたちの父親はいない。これが、母系家族の基本的なありかたである。母親が年をとったり、死んだりしたら、家長はその娘が引き継ぐ。息子たちは、生涯母親と一緒に住んで、母親の管理する家計を助けるが、家長になることはない。息子が妻を娶ると言うことはないし、娘が他家に嫁ぐということもない。[139]

項目／地区	家数	総人口			成年人婚姻形式																					未及婚齢		
					阿注異居			阿注同居						結婚						其他					
								男居女方			女居男方			入婿			娶妻								
		女	男	共	女	男	共	女	男	共	女	男	共	女	男	共	女	男	共	女	男	共	女	男	共
八株	29	72	57	129	33	26	59	3	3	6	7	7	14	1	1	2	9	4	13	1		1	18	16	34
者波	19	66	47	113	31	22	53	1	1	2	2	2	4	2	1	3	5	3	8		1	1	25	17	42
湖沼区	23	82	101	183	47	51	98										7	7	14		2	2	26	39	65
合計	71	220	205	425	111	99	210	4	4	8	9	9	18	3	2	5	21	14	35	1	3	4	69	72	141

と説明しています。この家には、祖母、母、姉妹という女性を中心に構成された人々しか住んでいません。男性としては祖母の兄弟、母の兄弟、そして自己の兄弟姉妹です。つまり、この家で住む人々は皆共通の遺伝子、具体的には女性が受け継いでいる遺伝子の同じミトコンドリアDNAを持っている人々なのです。

上の表は『永寧納西族社会及母系制調査』[140]のもので、八株、者波、湖沼区の三つの地区の婚姻形態をまとめたものです。八株では二十九軒の家があり、女性七十二人、男性五十七人、アチュ婚をおこなっているのは女性三十三人、男性二十六人です。男性が女性の家に住むのは三組で、女性が男性のところに住むのが七組で、一組が入婿です。また、嫁を迎えているのは九組ですが、そのうち五組は男性が既に死亡しています。その他が女性一人で、残る女性十八人と男性十六人は結婚年齢に達していません。二列目の者波では、百十三人中アチュ婚は五十三人で、男性が女性の家に住んでいるものが一組、女性が男性の家に住んでいるものが二組、入婿で妻を二人持っているものが一組、妻を娶っているものが八組、そのほかが男性一人で、結婚年齢に達していない者が六十五名です。湖沼区では、百八十三人中九十八人がアチュ婚で、妻を娶った者が十四組、その他の男性が二人で、残る六十五人がまだ結婚年齢に達していない者です。非常に高い率でアチュ婚がおこなわれていたことがわかります。

次頁の表[141]にあるように一年以上アチュ関係を持つのは女性で平均二・六二人、男性で平均二・九人です。アチュ婚の範囲については、異なる母系血統であれば、アチュ関係を結ぶことができ、同一の母系血統の末裔同士は禁止されています。[142] また、四川省では必ず母親の許可が必要で、相手の男性が性格的、道徳的に問題があったり、近親の時は同意しないとします。また、多くのカップルが十年、二十年と長期にわたって一人の相手とアチュ関係にあるといいます。[143]

この摩梭《モソ》族の親族名称には、「父」という言葉はありません。厳汝嫻、宋兆麟の『永寧納西族的母系制』[144]によると、父を示す親族名称はありませんが、母の兄弟は「アウ」と呼び、母の姉妹は母と同じ「アミ」と言います。他の雲南の民族と同じように母方平行イトコは自己のキョウダイと同じく、たとえば、姉は「アム」で、母の姉妹の娘で自己よりも年上のイトコも、女性なら「アム」です。もちろん、母方交差イトコ、つまり母の兄弟の子どもたちに対しては親族名称がありません。

男性が女性のところに通ってくるという点においては、日本の古代の妻問婚と似たところもあります。日本の場合は子どもが五歳から七歳ぐらいで、しかもその子どもが男の子なら、父親の家に母親と共に引き取られることになります。

❖一妻多夫婚と母系制

	性別	18－25歳			26－35歳			36－50歳			合　計		
		人数	阿注数	各人平均	人数	阿注数	各人平均	人数	阿注数	各人平均	人数	阿注数	各人平均
忠実	女	33	49	1.48	37	92	2.49	56	143	2.55	126	284	2.25
	男	16	24	1.5	30	55	1.83	32	85	2.66	78	164	2.1
	合計	49	73	1.49	67	147	2.19	88	228	2.59	204	448	2.2
開坪	女	47	93	1.98	40	123	3.08	54	220	4.07	141	436	3.09
	男	32	27	0.84	34	58	1.71	34	92	2.71	100	177	1.77
	合計	79	120	1.52	74	181	2.45	88	312	3.55	241	613	2.54
温泉	女	45	68	1.51	41	108	2.63	58	192	3.31	144	368	2.56
	男	27	43	1.59	37	90	2.43	45	167	3.71	109	300	2.75
	合計	72	111	1.54	78	198	2.54	103	359	3.49	253	668	2.64
八株	女	25	43	1.72	25	51	2.04	29	102	3.52	79	196	2.48
	男	26	39	1.5	34	70	2.06	24	71	2.96	84	180	2.14
	合計	51	82	1.61	59	121	2.05	53	173	3.26	163	376	2.31
拖支	女	11	17	1.55	13	33	2.54	13	49	3.77	37	99	2.68
	男	21	19	0.9	9	20	2.22	17	55	3.24	47	94	2
	合計	32	36	1.13	22	53	2.41	30	104	3.47	84	193	2.3
総計	女	161	270	1.68	156	407	2.61	210	706	3.36	527	1383	2.62
	男	122	152	1.25	144	293	2.03	152	470	3.09	418	915	2.19
	合計	283	422	1.49	300	700	2.33	362	1176	3.25	945	2298	2.43

この婚姻形態が、どれほど古いものかについては私の手元に資料がなく分かりません。私たち人類の最も古いかたちを残しているかもしれませんし、古代の日本のように、もともとは男子ができた後は夫の家に移り住んでいたものが、移り住まなくなったかたちかもしれません。

○まとめ

一妻多夫婚をおこなっているチベット（藏）族と、母系制社会である摩梭族について見てきました。チベット族の場合は、一妻多夫婚といっても基本は一夫一婦のかたちであり、複数の夫と呼ばれる男性は基本兄弟であり、同時に姉妹のところに入婿する一夫多妻婚の制度もあることを見逃してはいけません。これは家族のかたちが、基本一組の夫婦であり、そこに兄弟、もしくは姉妹が同居したかたちと捉えることができます。

それは結婚や夫婦のあり方を性的関係とは離して考える必要があるということです。

母系制社会の摩梭族のアチュ関係は、日本が古代におこなっていた妻問婚と同じような制度に見えますが、日本の古代社会があくまでも父系を維持するために男の子を産んだ女性を妻として迎えることに対して、摩梭族の母系制は生まれた家で終生暮らすという意味では全く異なる制度です。外見上よく似ていますが、家族を維持していくかたちとしては、全く異なるものなのです。

戸籍と私たち

国家が出来上がり、その国家を維持するためには、二つのものが必要でした。一つが、政治を執りおこなう官吏の給料です。もう一つは外敵から国をまもったり、堤防など公共インフラ事業にかかる土木工事をおこなう労働力です。つまり、税と兵です。この税と兵を国民から徴収するためには国民を掌握しておかなければなりません。そこで役に立つのが戸籍です。特に労働力となる男性がどれだけいるのかが大事なのです。ですので、戸籍の主体は男性ということになります。ただ税は穀類だけでなく、布でも徴収するようになりますから、その担い手である女性も把握しておきたいところでしょう。

日本は平安末期から武士集団が武力を行使するようになり、職業軍人の時代となります。ですので、官吏と兵を養うための税を徴収するために戸籍が必要となりますが、江戸時代になって戦争が起きなくなると、既存の官吏である軍人が国家を統治していくので、新たに兵士を補給する必要がなくなり男性の数を細かく把握する必要はなくなります。

そこで、年貢は各領主が「自分の領地の村に宛てて『年貢割付状』を出して、その年の年貢の額を通知」したのです。その「年貢割付状」を受けた村は、耕作地とその米の収穫高をまとめた名寄帳をもとに割り当てを決めたのです（国税庁ホームページ）。

つまり、国が直接、戸ごとに把握しなくても、最終的に自分達が食べられる年貢が収められればいいので、どれだけの土地からどれだけの米が収穫できるのかを把握しておき、その収穫量（石高）にあわせて課税すればいいわけです。ですので、戸籍の作成よりも検地が大事なのです。

繰り返しになりますが、明治になると再び兵力を確保する必要性が出てきました。

明治六（一八七三）年に徴兵令が発布されます。しかし、私たちは、これに一揆という形で反対運動を起こします。つまり、戦は武士がするもので、百姓の仕事はかれらに飯を食わせることで、農民は自分達が戦うなんてことは考えていません。ですから、当然、徴兵には反対です。

熊谷開作は「徴兵令における『家』と国家で[145]、「家」を「最終・最小の再生産単位としての家族共同体」と規定した上で、明治維新国家の全歳入の半分以上が地租によって占められ、

> その地租を最終的に負担したのは農業再生産単位としての「家」であった。維新政府がこの「家」の保護を考えたのは当然であった。地租改正条例の上諭が「租税ハ国ノ大事人民休戚ノ係ル所ナリ」といったとき、その人民はまだ個人として把握されていないのであって、「家」を単位としそれを対象としてとらえられていたことはいうまでもない。明治維新の租税政策が「家」の維持を講じたのはそのためであった。

しかるに、政府が徴兵令によって兵員を徴収しようとしたとき、その対象としたのも個人ではなく「家」であった。租税政策が対象とした「家」とこの徴兵令が対象とした「家」とは全く同一のものであった。

といっています。それまでは税を村単位、領主単位で集めていたものが、税と兵を徴収するために国家が直接「家」を把握しなければならなくなり、明治四（一八七一）年に戸籍法が発布され、その翌年には、戸籍法に基づいて戸籍が作成されます。作成された明治五（一八七二）年の干支にちなんで、これを壬申戸籍と呼びます。その戸籍を利用して徴兵もおこなわれたというわけです。しかし、その単位となった「戸」を維持するためには「戸主」を徴兵するわけにはいきません。ですので、明治二十二（一八八九）年までは「戸主年齢満六十歳以上ノ者ノ嗣子或ハ承祖ノ孫」や「戸主」に対しては猶予の特権が与えられていました。[146] 国は税収を村、領主に任せていた方法から直接、戸ごとから徴収するようになり、この「戸」が維持できなくなると困るので、「家」を維持するのに必要な「戸主」や戸主の後継を兵役から免除、もしくは猶予の特典を与えていたのです。

私たちが家族やイエを形成した目的とは異なる理由で、国によって、そのかたちに変化が与えられてきたことが見えてくるのです。私たちの生活はどんどん変化しています。私が子どもだった五十年ほど前は母の祖父母、両親と私たち姉弟が隣同士に住んでいて、常に行き来していました。こうした状況は私の父の戸籍から見える曽祖父の戸籍などからも明らかになると思います。それが、私の戸籍になるともう完全な核家族であり、家族のあり方、イエのあり方の変化に税制がついていけなくなった政府は、「住民基本台帳」を作成して、わたしたちを掌握する方法を新たに作り上げたのです。

さて、話を戻しますが、戸籍法は明治四（一八七一）年に施行され、明治五年に作成されたのが近代的な戸籍制度の出発点とされます。それでは、実例を私の父の戸籍で見ていきましょう。

○再び上井家

私の父上井久義の名前は、昭和二（一九二七）年に書かれた曽祖父を戸主とする戸籍に初めて出てきます。この戸籍からわかることは、曽祖父は高祖父の五男として生まれたこと、高祖父の家督は、どうも曽祖父の叔父が相続し、曽祖父自身は明治三十一（一八九八）年に結婚し、大正四（一九一五）年に叔父から分家したらしいことなどです。大正四年に曽祖父を戸主とする新たな戸籍が作られ、その後、大阪に移り住んだ曽祖父は、昭和二（一九二七）年に大阪を本籍とする新たな戸籍を作り、その戸籍の十番目に私の父久義の名前が記録されています。

次に曽祖父の二男が昭和十四（一九三九）年に家督を相続し戸主となり、新たな戸籍が作られ、私の父は、その戸籍の七番目に甥として記録されます。

昭和三十二（一九五七）年の法改正により戸籍が改製され、昭和三十三（一九五八）年に久義の父、つまり祖父の戸籍が作られますが、この時には戸主という項目ではなく、単なる氏名となっています。戸主制度がなくなったからです。

この戸籍には祖父と祖父の妻（祖母）、そして私の父の三人しか記されていません。この戸籍は平成二（一九九〇）年に祖父が死亡するまで使用されています。しかし、父の戸籍は母との結婚により、昭和三十四（一九五九）年に新たに作成されます。この戸籍には妻、長女、長男（つまり私）の四人が記されています。

平成六（一九九四）年には法令が改正され、戸籍がコンピュータで管理されるようになり、平成十四（二〇〇二）年に父の戸籍は電子化されます。そこには父と母が記載されています。

私の戸籍ですが、これも電子化されており、請求すると透かしの入った紙にプリントされたものが渡されます。戸籍には本籍、氏名、改製日、「戸籍に記載されている者」という欄には「名」、「生年月日」、「配偶者区分」、「父」、「母」、「続柄」、「養父」、「養母」、「続柄」という項目があります。

次に「身分事項」欄には出生日と出生地、届出人など、さらに私は養子となっているので、「養子縁組」欄にその年月日、「養父氏名」「養母氏名」があります。「従前戸籍」欄にはその戸籍の住所と実父名があります。

また、「婚姻」欄に婚姻日と「配偶者氏名」欄には私の妻の結婚前の名前が書かれています。「従前戸籍」欄には私が住んでいた住所と、養父つまり、戸籍筆頭者の名前があります。

ついで、二つ目の「戸籍に記録されている者」の欄があり、妻の下の名前が書かれ、生年月日、「配偶者区分」、

「父」「母」の欄には妻の両親の名前があり、「続柄」があります。さらに、出生日、出生地、届出人、婚姻日、配偶者氏名、従前戸籍が記されます。

三つ目の欄は、子どものもので、名前と生年月日、父母として私と妻のフルネーム、「続柄」、身分事項には出生日、出生地、届出日、届出人とあります。

長々と私のプライベートなことを書き連ねましたが、この私の父と私の戸籍から日本という国家が家族をどのように捉えてきたかということがわかると思います。明治時代に、国家が一元的に国民を掌握するために戸籍が作られました。その戸籍は家督をもつ戸主を中心に家族が規定されています。日本の敗戦後、戸主が廃止され、夫婦を単位とした戸籍が作られます。しかし、夫婦は氏を同じにするものとして、その氏を持っているものが戸籍筆頭者となります。つまり、妻となる女性が夫の氏に改名する場合は、夫が戸籍筆頭者となり、その戸籍に妻が入ることになり、夫となる男性が妻の氏に改名する場合には妻が筆頭者となり、夫がその戸籍に入ることになります。

忘れてはならないのは、なぜ戸籍があるかということですが、それは国が国民を掌握するためです。そしてそこには国にとって必要なことのみが記録されているのです。私の家族の戸籍で見たように、誰と誰がどのような関係で、以前はどこに住んでいて、今はどこに住んでいるのかということです。ところが、子どもが親と同じところに住まなくなったり、経済的に独立したりして、氏を中心とした戸籍では、国が十分に国民を掌握できなくなってきたのです。つまり居住空間である家とイエが同じではなくなってきたのです。例えば私のイエを例に取ると、尼崎では、母の両親（大原家）と私の両親は同じ敷地にそれぞれの家を建てて住んでいました。この祖父母の住んでいた家を私たちは母家《おもや》と呼んでいました。夜になると近所に住んでいる父方の祖父が食事をしにやってきます。私は両親と父方の祖父、姉の五人で夕食を共にします。この場合、母の両親、私の両親と姉と私、父方の祖父という異なる三つの戸籍を持つ人間が同じ敷地内で食事をとっています。さらに、姉が家を出て私が大原家に養子となってからは、実父母である上井家で大原家の養子である私が実父母と共に食事をとり、養父母は相変わらず母家で食事をとっていました。つまり、戸籍と実際に居住している家や家計を共有している戸や家族としてのイエが必ずしも一致しないのです。

こうした社会変化の中で、昭和四十二（一九六七）年に「住民基本台帳法」が施行されます。たとえば、国会議員や県議会議員などの選挙の投票券はこの住民基本台帳をもとにして送られてきます。これは核家族化がすすみ、さらに独身で生計を立てる人が増加し、家族単位もしくは戸単位では国が私たちを把握しきれなくなったためです。国が把握したいのは戸籍で掌握できる国民の数や家族関係ではなく、家計を一にしている人間がどこにどれだけいるかということです。それは、税を取るためには必要な情報なのです。戦後の高度成長期には農家の次男三男が都会に働きに出ていき、戸籍のあるところでは住んでおらず、また家計も分けるようになりました。さらに、子どもが親元を離れて、都会で暮らし、独自の生計を営むようになると、本籍地と居住地の乖離が進み、こうした状況では、従来の戸籍では税金の収集に支障をきたします。そこで、実情に合うように居住地を把握するための「住民基本台帳」の作成となったのです。この「住民基本台帳」に載っていることを証明する書類が住民票です。この住民票をもとにして、国は私たちにさまざまなサービスをおこなってくれます。コロナの予防接種の案内もこの「住民基本台帳」に基づいて送ってきてくれました。

私の住民票は電子化されていますが、三枚一組で、一枚目は氏名欄に私の名前、ついで生年月日欄があり、性別欄があります。そして世帯主名欄に私の名前があり、続柄欄に「世帯主」とあり、住民となった年月日があり、住所があります。

さらに本籍があり、筆頭者欄に私の名前があります。また、この住民票が作られる前の「従前の住所」欄に引っ越してくる前の住所があります。こうして戸籍では捉えられなくなってしまった家族のかたちを今度は、居住形態という方法で捉えようとしたのです。

◯ 社会の変化・多様性

今この戸籍や結婚式に関して、今までにない社会変化として、次の二つがあげられると思います。一つが日本国憲法にも謳われている「両性の同意」に対して、両性ではない「ふうふ」のあり方についての変化で、もう一つの変化は、夫婦であっても戸籍を作らないという変化です。これらの変化については、歴史を研究している私にとっては全くの未知の世界です。そこで、まず、両性ではない「ふうふ」のあり方については、特定非営利活動法人カラフルブランケッツ理事長[147]の井上ひとみ氏に、以下の二つの質問を投げかけてみました。井上氏はレズビアンであり、十一年前から同性パートナーと一緒に暮らしています。また獣医師をしており友人と一緒に動物病院を開業しています。

①　家族というものに対してどのようなイメージをお持ちですか?

②　結婚式をすることについてどのような考えをお持ちですか?

これらの質問に対して、「家族と結婚式について改めて考えてみると自分の中でそう思っていたのかといろいろと気づきがありました。自分の思うところをつらつらと書いたのでわかりにくいところがあるかと思います。」という前置きを添えた上で、次のように回答してくださいました。

質問①　家族というものに対してどのようなイメージをお持ちですか?

血縁関係に基づいて生まれた時に自然に決まってしまう、自分の意志で選べない家族に縛られるのはしんどい人も多いと思います。

私には兄弟はおらず、父も20年以上前に亡くなってしまっていることもあり、私自身は「戸籍上の家族」というものに安心感は持てていません。

医療機関や日本の法律が戸籍上の家族・親族を重要視していることに不満がありますし、すごく不安でもあります。

「自分の家族さえ幸せであればよい」というようなことを言う人がいますが、私には共感できません。「家族とそれ以外」というように分断するのが嫌なので、根本のところで「家族」という単位が余り好きではないのだと思います。

友達とも助け合って生きていけたらいいなと思っています。

このように「家族」について色々と思うところはありますが、今、「あなたの家族は誰ですか」と聞かれたら一緒に住んでいるパートナーだと言うと思います。

質問② 結婚式をすることについてどのような考えをお持ちですか?

思い返してみると私は小さな頃から「『結婚をする』、『結婚式を挙げる』ということは自分には無い、自分には無関係なライフイベントだ」と認識していたように思います。

自分が同性愛者だとはっきりと自覚する前からそう思っていましたし、気づいてからはより一層そう思うようになりました。

とは言っても、「強くそう思う」というよりも「自分には無関係な世界の話」、というような感じです。

社会人になってから異性愛者である友人の結婚式に呼ばれる機会が出てくると、すごく嬉しそうで幸せいっぱいの友人の姿を見て「よいパートナーさんを見つけられて、幸せそうで良かった。これからもずっと二人仲良く幸せに暮らしていってね」と思いつつも、自分にも一生を共に過ごしていきたいと思っているパートナーがいるのに誰にも言えないし、人から祝福してもらえることは一生無いんだと思うと毎回少し悲しい気持ちになっていました。

そんな中、大阪の扇町公園で毎年行われている性の多様性を祝うお祭りであるレインボーフェスタ！内のイベントで公開結婚式を挙げてみないかというお話をいただきました。

公開結婚式を挙げるということは世間への大々的なカミングアウトになることから誹謗中傷を受けるのではないか、自分が働いている動物病院から患者さんが逃げてしまい、職場にも迷惑がかかるのではないかと思いかなり躊躇しましたが、同性愛者の当事者にも、当事者でない人にも、「同性愛者は身近にいる。決して特殊な存在ではなく、そこらへんの街中を歩いている人の中にもいるんだよ。」ということを知ってもらうことには大きな意義があるのではと思い、結婚式を挙げることを決意しました。

式を挙げるにあたって、結婚式を挙げることを知らせる形で知り合いにカミングアウトしました。

その結果否定的な人は数人で、ほぼ全ての人が祝福してくれました。

結婚式ではわざわざ駆けつけてくれた友人もその場にいた全く見ず知らずの人もすごく祝福してくれま

した。皆さんからの拍手が鳴り止まず、こんなにも幸せなことがあっていいものだろうかと思いました。こんな幸せな気持ちになれるのであれば何度も結婚式を挙げたいと思いました。

結婚式を挙げるということは、祝福という形をとって表される周囲からの承認を得ることなのだと思います。

さらに「既にカミングアウトしていたり、周りの人には理解してもらっている人で、結婚式を挙げたいという人は、結婚式に対してどんなふうに考えてるのかご存じでしたら、教えていただけますか」という質問をお願いしたところ、

私もパートナーも昭和五十四（一九七九）年生まれで今年四十三歳なのですが、今二十代だったり三十代前半の世代のレズビアンカップルは私の世代よりも結婚式のことを「自分には関係のない話だ」と捉えていない人が増えてきた気がします。

私が結婚式を挙げた時（平成二十七年・二〇一五年）に、結婚披露パーティーができる会場を探したのですが、同性カップルの結婚式・パーティーができると謳っているところはほぼ無く、できる会場を探すのにとても苦労しました。

今は大々的に同性同士の結婚式・パーティができると宣伝している会場がすごく増えてきています。
会社にはカミングアウトできないにしても、セクシュアルマイノリティではない（いわゆるノンケの）友人や親にはカミングアウトしていたりする子がだんだん増えてきており、そういう下の世代の同性カップルさんたちは、「二人の誓い」と「人前式でのそれの承認」・「晴れ姿のお披露目」という風に考えているのではないかと思います。

という答えをいただきました。
一般社団法人結婚トータルサポート協会理事で歌人の北夙川不可止氏によると、「自身の満足と、承認と、両方ですかね。自治体のパートナー証明はいろいろ制約あるので、協会ではパートナー証明書も出してます」ということでした。
地方自治体によっては、「同性カップルに対して、二人のパートナーシップが婚姻と同等であると承認し、自治体独自の証明書を発行する制度。」として「同性パートナーシップ制度」を設けており、すでに二百以上の県や市が導入し、明石市も令和三（二〇二一）年一月に導入し、すでに二十組以上のカップルが誕生しています。[148]
こうしたカップルは子どもを中心としたＤＮＡによって結ばれる可能性は少なく、従来の家族のあり方、夫婦のあり方が大きく変化しているのです。

愛情と家族が接近してきたと考えることができるのでしょうか。

同じ質問を事実婚をしている大学非常勤講師でキャリアコンサルタントの大原延恵氏にも投げかけてみました。

質問① 家族というものに対してどのようなイメージをお持ちですか?

家族とは、全力で信頼し合える人というイメージです。失敗しても、ダメなことがあっても「あなたは、ダメではない」と、全力で肯定する&される人だと思います。

現在この世にいる家族は、母、弟、夫そして、弟の妻・子、夫の両親・弟・妹です。同居かどうか、家計を共にしているかどうかは、無関係です。

あの世に行ってしまった家族は、父、祖父母です。生きている時にかけてもらった言葉や態度を思い出して、励まされることもあるので、生きているかどうか、すぐに連絡が取れるかどうかなど関係ないかもしれません。

質問②　結婚式をすることについてどのような考えをお持ちですか？

結婚式は、これから夫婦になる二人の変わらぬ愛を誓いあうということ以外にも、お互いの家族や友人との顔合わせの機会でもあると考えています。

私たち夫婦は、ハワイで結婚式を挙げました。妻側の両親、弟夫婦、親戚二名、夫側が、母と弟が日本から参列してくれました。現地では、夫の祖母、叔母・叔父などが参列してくれています。夫の母方の祖母がハワイに住んでいて、結婚の披露というだけでなく、久しぶりの家族の再会も目的でした。親族だけの披露宴も、ハワイの宿泊先ホテルで開催して、夫のハワイの家族と初めて対面できました。夫側の家の宗教がキリスト教だったために、祖母の家から一番近い教会で結婚式を挙げました。指輪の交換もして、左手の薬指には、今も、結婚指輪がはまっています。牧師さん、夫の母、私の父のサインのある結婚証明書は、結婚式当日、手に持っていたブーケの一部が押し花となってきれいに額装されて、リビングに飾ってあります。結婚の挨拶状は、この結婚式の時の写真をつけて、結婚を知って欲しい人々に二人の連名で送りました。

日本では、お互いの職場の仲間たちが、結婚披露パーティーを開催してくれて、結婚式の報告やら、お互いの友人同士の交流できました。おかげで、夫が家で会社の同僚の話をしても「ああ、あの人か」とイメージできています。

ハワイでの結婚式に親戚を全員招待するわけにもいかなかったので、夫側の親戚には、私たち夫婦と夫側の両親・弟・妹とそろって、挨拶まわりに行きました。沖縄と奄美大島への家族旅行ともなりました。（結納は、夫家族側からは、沖縄泡盛の古酒、妻側からは、オーダーメイドのスーツを贈り合いました。）

結婚式、披露パーティー、親戚回り旅の三点セットが私たちの結婚式でした。

婚姻届について

婚姻届けは出していません。一緒に住んでいて、家計も共にしています。

夫婦とも日本国籍です。日本人同士が国内で結婚する場合、婚姻届の提出の際には、どちらかの姓を選ばなければなりません。30年以上実績を積んできた名前の変更を余儀なくされます。仕事上の業績や資格、資産の形成など積み上げてきたものをどちらか一方のみが変更するのは、理不尽で納得いかなかったため、婚姻届けを出さないことにしました。

私の勤務先には、結婚式の日付の届を出し、住民票の写しを提出して、結婚祝い金ももらいました。結婚休暇ももらっています。外資系企業に勤務していたこともあって、国籍も多様だったせいか、何か言われることもない環境でした。ですので、法的に結婚していないことを知っている人は、ごくわずかだったと思います。

夫側は、勤務先には、なんの届も出していません。法律婚していないことを知っているのは、たぶん、管理部門の人だけでしょう。現在は、上司が交代するたびに「実は、法律婚はしていません。」と説明しているそうです。

事件・事故に巻き込まれた時に、「家族欄」に私が掲載されていないと、連絡が来ない可能性があるのは、心配です。夫の手術の際、「家族の同意書」へのサインは、都内の病院だったせいか、スムーズにできました。老人ホームに入るには、今の区に住んでいれば、「事実婚」でも、一緒に入れる制度になっているそうです。ただし、「今の区に住んでいれば」です。生命保険の受取人には、お互いを指定できますが、被保険者代理人にはできません。賃貸住宅に住んでいますが、書類上は「結婚の予定のある婚約者同士の同居」になっています。ご近所では、仲の良い夫婦として、知られていますが、国には、未届けです。

夫側の家族は、どこのお墓にも入らないそうです。大原家のお墓は、塔タイプのお墓で、都心のお寺にあります。そこに夫婦で入れてもらおうと思っていますが、どうなることやら。クリスマスごろには、夫側の家族と一緒に過ごし、お正月には、妻側の家族と一緒に過ごすことが多いです。

世帯は別になっているので、選挙の案内は、それぞれに来ます。家計は、お互いの収入から同額を一つの銀行口座に入れて、そこから、家賃など支払っています。大きな買い物をする時は、その都度話し合って、お金を出し合っています。たぶん、法律婚している人とかわらぬ日常生活だと思います。

紹介する時は、「夫のIです」と紹介していますが、姓が違うことを不思議がられたことがないのは、交友関係が、そういったことに理解のある世界の人々だからかもしれません。年齢を重ねてくると、婚姻届けを出している法律婚している夫婦であることもメリットの重みが増してくるように思います。別姓のまま法律婚できるように法改正がされたら、その日に婚姻届けを出しに行こう！と相談しています。

阪井裕一郎の『事実婚と夫婦別姓の社会学』[149]では、十二組の事実婚の夫婦から聞き取り調査をしています。その中には、一旦法律婚をおこなった上で、夫婦別氏にするためにペーパー離婚をした例もあります。夫婦別氏を選んだ理由の多くが仕事上の問題ですが、やはり自分の姓をなくすことへの喪失感を訴える人もいます。また、事実婚を選んだために、法律上夫婦でないことからくるさまざまな弊害に対する不安感についても記されています。

○ まとめ

戸籍や住民票によって、国家は私たちを掌握してきました。それは、国を維持するためであり、そのための税を取り立てるためです。しかし、戸籍や住民票という形で捉えてきた家族のかたちは、実際のかたちからは離れつつあるのです。それは、後にも少し述べますが、独居老人や結婚せずに一人暮らしをする若者が家族を持たないからだけではないのです。家族なのに、戸籍や住民票ではとらえきれない家族のかたちがあるからです。それらの一つが、同性カップルであり、事実婚の存在です。

一方は家族として承認され、さらに国にそのかたちを認めてもらおうという運動で、もう一方は国からの承認に対しては、無頓着という立場でしょうか。相反するような、考え方にも見えますが、しかし、一組のふうふ（夫婦ではありません）が、共に家族として暮らしているという点において、一つの家族のかたちを形づくっているといえるのではないでしょうか。

もちろん、この二人の意見がそれぞれを代表しているわけでもなく、全体の意見を反映しているわけでもないのですが、ただ、この二人の回答からは、周りの人々の多くはこうした「ふうふ」のかたちに理解を示し、そうしたかたちが、少しずつではあるけれど、社会の中で認められ始めている様子がうかがえます。そしてここでも、行政が実際のふうふ関係に追いついていない姿が見えているのです。

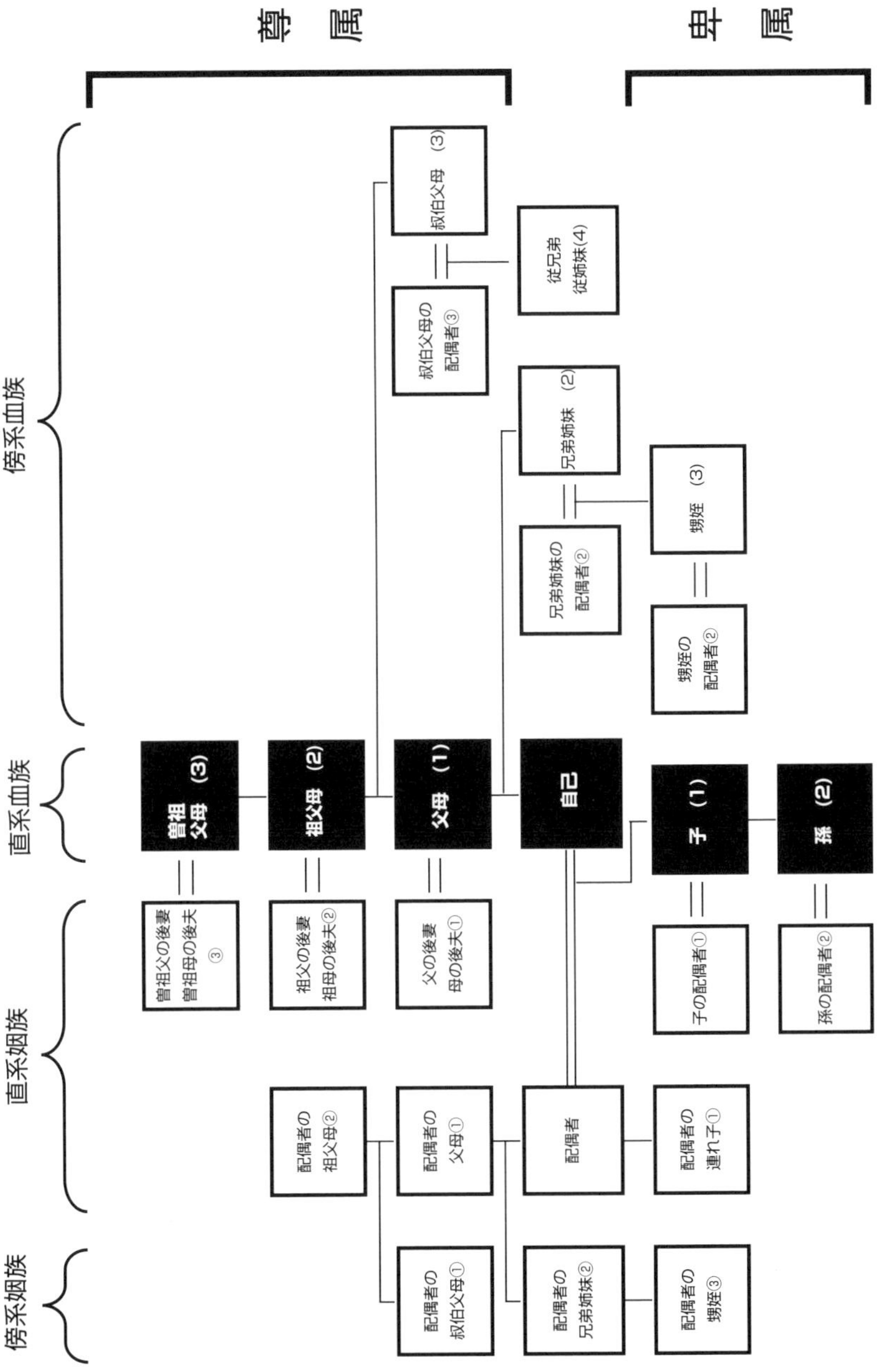
尊属
卑属
傍系血族
直系血族
直系姻族
傍系姻族
曽祖父母 (3)
祖父母 (2)
父母 (1)
自己
子 (1)
孫 (2)
叔伯父母 (3)
叔伯父母の配偶者③
従兄弟従姉妹(4)
兄弟姉妹 (2)
兄弟姉妹の配偶者②
甥姪 (3)
甥姪の配偶者②
曽祖父の後妻曽祖母の後夫③
祖父の後妻祖母の後夫②
父の後妻母の後夫①
子の配偶者①
孫の配偶者②
配偶者の祖父母②
配偶者の父母①
配偶者
配偶者の連れ子①
配偶者の叔伯父母①
配偶者の兄弟姉妹②
配偶者の甥姪③

これからの家族

私たちは何千年、いや、何万年もかけて、さまざまな家族のかたちを模索してきました。

昨年、学生たちに夫婦別氏でも良いかどうか尋ねました。ほとんどの学生が別氏制度を問題なく受け入れられると答えた一方で、自分が結婚する時には夫婦同じ氏を使うと答えたのです。数人の男子学生は、結婚を考えている相手が、自分の氏に変えてくれない場合は結婚しないとさえ言うのです。また最初は、夫婦別氏でも良いと答えていた学生も、議論をしていくうちにやはり、氏は同じ方が良いという考えに賛成する学生もいました。その理由は、家族で氏の違う成員がいると面倒臭いとか、一体感がなくなるということでした。

つまり、他人は結婚して夫婦別氏にするのは構わないが、自分たちは嫌だと言うのです。私はここに重要な意味を見い出したような気がします。一つは一般的に夫婦別姓という言い方と、夫婦別氏という言い方の微妙な意味の受け取り方の違いです。それは「姓」をわけるのか「氏」をわけるのかという違いです。『広辞苑』（第四版）[150]では、姓について、「①一族。家すじ。氏。苗字。」とあります。氏については「①血縁関係のある家族群で構成された集団。氏族。……②古代、氏族に擬制しながら実は祭祀・居住地・官職などを通じて結合した政治的集団、その内部は、姓《かばね》を異にする家族群にわかれ、上級の姓を持つ家族群が下級の姓の家族群を支配し、最下層には部民《べのたみ》および奴婢《ぬひ》がある。③家々の血統にしたがって伝えて称する名。また、家の称号。」などと説明されているのです。まさに氏こそが、この本の最初に考察した私の苗字大原を受け継ぐ「チ」の流れを維持するための組織なのです。氏族という言葉があり、姓にはその集団を表す言葉がないように、氏という言葉には集団意識がやどりますが、反対に姓という言葉には個人しか感じさせないのです。姓を別にするかどうかは個人の問題だけれども、同じ氏ではないというのは、同じ氏族ではないという、異なる組織に所属するような感覚が、今の私たちにもわずかながら残っているのではないでしょうか。

明治三（一八七〇）年九月十九日の太政官布告で平民に氏の使用が許され、八年二月十三日に氏の使用が義務化されます。明治九（一八七六）年三月十七日には妻の氏は「所生の氏」つまり実家の氏を名乗ることとします。つまり夫婦別氏です。ところが、妻が夫の氏を名乗る人が多くなり、習慣化し、明治三十一（一八九八）年には民法（旧法）で、家を単位として氏を定めるよう規定し、夫婦は同じ家に所属するので、おなじ氏を名乗る夫婦同氏制となります。

今、私たちは家族のあり方について、真剣に考える時期に来ています。それは、さまざまな愛の形があり、さまざまな夫婦やパートナーの形があるからです。しかし、表面的に捉えるのではなく、家族や氏やイエがどのような役割を果たしてきたのか、これからの社会でどのように捉えていくのか、また維持していくのかを考える必要があるのです。

❖これからの家族

令和三（二〇二一）年におこなわれた調査[151]では、「あなたは、名字・姓とは、どういうものだと思いますか」（複数回答可）という質問に対して「先祖から受け継がれてきた名称」を選んだ人が四十五パーセントほどです。同じ質問の調査が平成十三（二〇〇一）年にもおこなわれており、その結果も四十五パーセントほどですので、姓（氏）に対する認識はここ二十年ほどはほどんど変わっていないということになります。

「あなたは、婚姻によって、ご自分の名字・姓が相手の名字・姓に変わったとした場合、どのような感じを持つと思いますか。」（複数回答可）という質問に対しては

・名字・姓が変わったことで、新たな人生が始まるような喜びを感じると思う……五十四・一％
・相手と一体となったような喜びを感じると思う……三十九・七％
・名字・姓が変わったことに違和感を持つと思う……二十五・六％
・何も感じないと思う……十一・一％

この数値も実はここ二十年ほど大きな変化はありません。

しかし、「あなたは、夫婦・親子の名字・姓が違うことによる、夫婦を中心とする家族の一体感・きずなへの影響の有無について、どのように思いますか。」（一つ選ぶ）という質問に関しては、十八～二十九歳の人たちの七十二・四％の人が影響ないと答えながら、「あなたは、夫婦の名字・姓が違うことによる、夫婦の間の子どもへの影響の有無について、どのように思いますか。」（一つ選ぶ）という質問には六十九％の人が『子どもにとっ

て好ましくない影響があると思う」と答えているのです。

つまり、夫婦同士は氏が異なってもその関係にあまり影響はしないけれども、親子間では何か好ましくない影響があるのではないかと考えているのです。

○ 国の定めた家族

国が家族をどのように捉えているかということについて、一つの指針は扶養家族の範囲があるかもしれません。一家の大黒柱が家族を支えていく上で、支えるべき家族を国が定めているわけです。

国税庁のホームページ[152]によると、

扶養親族とは、その年の12月31日（納税者が年の中途で死亡しまたは出国する場合は、その死亡または出国の時）の現況で、次の4つの要件のすべてに当てはまる人です。
（注）出国とは、納税管理人の届出をしないで国内に住所および居所を有しないこととなることをいいます。
（1）配偶者以外の親族（6親等内の血族および3親等内の姻族をいいます。）または都道府県知事から養育を委託された児童（いわゆる里子）や市町村長から養護を委託された老人であること。
（2）納税者と生計を一にしていること。

（3）年間の合計所得金額が48万円以下（令和元年分以前は38万円以下）であること。
（給与のみの場合は給与収入が103万円以下）
（4）青色申告者の事業専従者としてその年を通じて一度も給与の支払を受けていないことまたは白色申告者の事業専従者でないこと。

そして、この（2）にある「生計を一にする」とは、必ずしも同居を要件とするものではありません。例えば、勤務、修学、療養等の都合上別居している場合であっても、余暇には起居を共にすることを常例としている場合や、常に生活費、学資金、療養費等の送金が行われている場合には、「生計を一にする」ものとして取り扱われます。

なお、親族が同一の家屋に起居している場合には、明らかに互いに独立した生活を営んでいると認められる場合を除き、「生計を一にする」ものとして取り扱われます[153]。

ということです。ここで見えてくる家族というのは、同じ家屋に住んでいるか、もしくは、親が施設に入っているけれども生活費などは支払っている場合や、子どもが親元を離れて一人暮らしをしているけれども学費や生活費は親が払っている場合などが、生計を一にしているというふうに理解されるのです。あくまでも納税者とその生計を共有している人間がどのような関係にあるかということです。

しかし、国が今まで家族として認識してきたこのような家族のかたちは崩れつつあります。

内閣府男女共同参画局が令和三（二〇二一）年に発表した「結婚と家族をめぐる基礎データ」によると、単独世帯割合は平成二十七（二〇一五）年に全体の三分の一を超え二〇四〇年にはほぼ四割を占め、そのうち六十五歳以上の人の割合が高くなると予想されています。夫婦と子ども世帯は二〇一五年には全体の四分の一ほどで、さらにその率は下がり続けています。また、夫婦のみの世帯は五分の一ほどで横ばいです。

ここに家族という集団の存在は見えません。これからはほどんど形骸化された家族しか存在しなくなってしまうのでしょうか。それとも、一緒には住んでいないけれども家族として認識できる人がおり、やはり、家族というものを意識して暮らしているのでしょうか。

令和三年度におこなわれた「家族の法制に関する世論調査」（内閣府）[154]では、家族の役割について、「心のやすらぎを得るという情緒面」と答えた人が、十八～二十九歳で六十七・八パーセントで最も高く、年齢が高くなるにしたがって少なくなります。一方で「子どもをもうけ、育てるという出産・養育面」については、十八～二十九歳で十五・二パーセントと最も低くなっています。つまり、家族というのは子どもを育てるイエではなく、個々の安らぎを得る場として求められているということです。

ちなみに厚生労働省が発表している児童相談所での児童虐待相談対応件数（二〇二一年度速報値）は二十万七千六百五十九件で、平成二十三（二〇一一）年の五万九千九百十九件に比べると、三倍以上となって

❖これからの家族

います。[155] 内閣府の「家族の法制に関する世論調査」では、離婚数は平成十四（二〇〇二）年をピークとして減ってきていますが、ここ数年の傾向として毎年、六十万件ほどの結婚数に対して、二十万件ほどの離婚があり、三組に一組が離婚する計算になります。また、六十万件のうち十六万件ほどが再婚件数でその数は上昇傾向にあるそうです。

これらの数値から何が見えてくるのでしょう。結婚は一生涯に一度のことではなく、家族とは一緒にいて心の安らぐ同居者であり、そこに子どもの姿は考慮されなくなっているのでしょうか。

さて、話を私の家族に戻しましょう。戸籍によって把握されていた、鹿児島から大阪に移り住んだ上井家は、とうとう私の父の代で消滅してしまいました。ところが、氏を守るために様々な工夫をしてきた大原家はいまのところ細々とですが、生きながらえています。令和三（二〇二一）年におこなわれた内閣府の「家族の法制に関する世論調査」でも、「あなたは、名字・姓とは、どういうものだと思いますか。」という質問に対し、「先祖から受け継がれてきた名称」に丸をつけた人が、四十五・八パーセントおり、平成八（一九九六）年の四十一・一パーセントからほとんど変わらず、私たちは、氏が祖先から受け継がれてきたものという認識を変わらず持ち続けている一方で、家族の構成員や家族に期待するものは、時代と共に変化している姿が見えます。

本来、自分の遺伝子を残し、子孫繁栄のためにかたち作って来た家族ですが、その遺伝子を残すためにという意味では、上井家のあり方がそれを象徴しているでしょう。反対に、大原家は遺伝子を残すためのイエではありませんでした。認知革命によって私たちが虚構を作り上げるようになり、私たちは氏という実際には存在しない系譜を虚構として作り上げました。大原という氏はまさにその虚構によって維持されて来たと考えられるのです。そして、今、その虚構である大原という氏が生き残り、その虚構のなかに上井家の遺伝子を受け継いだ私がこの本を書いているのです。

これからは、家族というものが形骸化し、遺伝子とは関係なく氏という虚構で結び付けられた家族がその主流となっていくのでしょうか。それとも、遺伝子検査が簡単になり、兄弟親子関係は遺伝子によって証明され、虚構に惑わされる氏ではなく「チ」や「ハ」の流れによる家族が営まれていくのでしょうか。

総務省の「マイナンバー制度」の説明によると、

平成27年10月以降、国民の皆さま一人一人にマイナンバー（個人番号）が、通知されています。

とし、個人は十二桁、法人に十三桁の数字が振られています。その導入のポイントひとつに、「公平・公正な社会の実現」があり、「国民の所得状況等が把握しやすくなり、税や社会保障の負担を不当に免れることや不正受給の防止、さらに本当に困っている方へのきめ細かな支援が可能になります。」としています。もう国は、私たちを家族という単位ではなく、個人として把握しなければ、私たちの所得状況が把握できなくなっているのです。このマイナンバー制度が象徴しているように、国は国民を家族単位で把握することを捨て、一人一人、個人ごとに掌握しようとしています。未来の私たちも同様に、家族というかたちを捨て、親子やキョウダイや、夫婦といった結びつきではなく、共にいることで安心感があり、やすらぎを感じることのできる人と、つながりつながうのでしょうか。

モルガンは家族のかたちについて「社会の進歩にともなって進歩し、社会の変化にともなって変化するにちがいないということである。それは社会組織の創造物であって、その文化を反映するものである。」とし、次のような言葉で「一夫一婦制家族」を締めくくっています。

一夫一婦制家族が文明時代の開始以来、著しく改善され、とくに、近代においては顕著であるから、すくなくとも、それは、両性の平等が達成されるまでは、さらに改善されうることが想像される。文明は絶え間なく進歩すると仮定して、遠き将来における一夫一婦制家族が社会の要請にそわなくなったとしても、その後に来るものの性質を予言することはできない。[156]

モルガンがこの文章を書いてからもう百年ほどになります。モルガンがいうように家族のかたちがどのように変化するのか予言することが出来ないという、予言が的中したのではないでしょうか。

【注】

1 共に暮らしており、身近な存在。ただし、最近では同じ屋根の下に暮らしていても家計を別にしている場合もあり、ペットを家族に入れる人もいるので、イエを定義づけることはより難しくなっています。家には、場所を表す場合もあり、建物を示す場合もあるので、それらと区別したいのであえてカタカナにしています。

2 e—GOV法令検索 https://elaws.e-gov.go.jp

3 戸原四郎訳、『家族・私有財産・国家の起源』(岩波書店、一九六五年)。

4 高田真治、後藤基巳訳、『易経 (下)』(岩波書店、一九六九年、三一三〜三一五頁)。

5 江守五夫、「結婚の起源をたずねて」(『結婚の起源と歴史』、社会思想社、一九六五年、一一頁)。

6 江守五夫、「六 原始人の結婚と文明人の結婚 ——むすびにかえて——」(『結婚の起源と歴史』、社会思想社、一九六五年、二六四〜二七六頁)。

7 ヘレン・E・フィッシャー、「11・結婚の未来」(伊沢紘正・熊田清子役、『結婚の起源:女と男の関係の人類学』、動物舎、一九九八年、二五二〜二六〇頁)。

8 近年、ホミニドという単語は、大型類人猿に対しても使用されるようになっています。

9 ヘレン・E・フィッシャー、「6・複雑な感情」(伊沢紘正・熊田清子役、『結婚の起源:女と男の関係の人類学』、動物舎、一九九八年、一三八〜一四一頁)。

10　兄弟もしくは姉妹もしくは、兄妹、姉弟などの可能性があるので、同じ父もしくは同じ母から生まれた子どもたちという意味で、カタカナにしています。

11　「第二章　新たな飛躍・草原に挑んだヒト」（NHK取材班、『生命　40億年はるかな旅　5』、日本放送出版協会、一九九五年、四六頁）。

12　河合信和、「第2章　その後の猿人とホモ属」（『ホモ・サピエンスの誕生』同成社、二〇〇七年、五〇頁）。

13　河合信和、「第2章　その後の猿人とホモ属」（『ホモ・サピエンスの誕生』同成社、二〇〇七年、五〇頁）。

14　河合信和、「第2章　その後の猿人とホモ属」（『ホモ・サピエンスの誕生』同成社、二〇〇七年、五一頁）。

15　中根千枝著、「第一章　分析と方法」（『家族の構造』、一九七〇年、初版、五頁）。さらにマードックの「家族とは、住居を共にし、経済的協力ならびに子孫をつくることによって特色づけられる社会集団である。それは社会的に承認された性関係をもつ少なくとも2人の男女の成人成員、そして性的に同棲する成人たちの子ども――1人かそれ以上の実子、あるいは養子――を含むものである」という家族の規定を引用している。G・P・マードック著、内藤莞爾訳、「第一章　核家族」（『社会構造』、新泉社、一九七八年、二三頁）。

16　河合雅雄、「霊長類の重層社会」（河合雅雄編『人類以前の社会学』、教育社、一九九〇年、三八八～三八九頁）。

17　森梅代、「ゲラダヒヒのリーダー交代」（河合雅雄編『人類以前の社会学』、教育社、一九九〇年、二八四～二八五頁）。

18　菅原和孝、「雑種ヒヒの社会構造」（河合雅雄編『人類以前の社会学』、教育社、一九九〇年、二九二～三一七頁）。

19　「家族」（戸原四郎訳、『家族・私有財産・国家の起源』、岩波書店、一九六五年、三九～一一〇頁）。「家族」（土屋保男訳、『家族・私有財産・国家の起源』、新日本出版社、一九九九年、四二〜一一三頁）。

20 ロビン・フォックス、「第一章　親族、家族、出自」（川中健二訳、『親族と結婚』、思索社、一九七七年、三七〜三八頁）。

21 以前は、人類につながるものという意味で使用されていましたが、ホミニドの意味が変化したため、現在ではあまり使われなくなっています。

22 和田正平著『性と結婚の民族学』（同朋社、一八九頁、一九八八年）

23 ヘレン・フィッシャー、「ミッシング・リングの謎」（伊沢紘生、熊田清子訳、『結婚の起源』、どうぶつ社、一九九八年、七一頁）。

24 ヘレン・フィッシャー、「性の契約」（伊沢紘生、熊田清子訳、『結婚の起源』、どうぶつ社、一九九八年、一一八頁）。

25 ヘレン・フィッシャー、「性の契約」（伊沢紘生、熊田清子訳、『結婚の起源』、どうぶつ社、一九九八年、一一七頁）。

26 小川秀司、「第六章　オスの人生メスの人生」（『たちまわるサル』、京都大学学術出版会、一九九九年、一三五頁）。

27 アラン・S・ミラー、サトシ・カナザワ、『進化心理学から考えるホモサピエンス』（パンローリング株式会社、二〇一九年）。

28 崎谷満、『DNAでたどる日本人10万年の旅』（昭和堂、二〇一八年）。

29 國學院大学博物館オンラインミュージアム　https://www.youtube.com/watch?v=rzaA6dnK4vo　二〇二二年八月取得。

30　崎谷満、『DNAでたどる日本人10万年の旅』（昭和堂、二〇一八年）。
31　原田勝二、「アルデヒド脱水素酵素と人種」（科学朝日編、『モンゴロイドの道』、朝日新聞社、一九九五年、二一二〜二一三頁）。
32　国立歴史民俗博物館編、『再考！　縄文と弥生』（吉川弘文館、二〇一九年）。
33　山田康弘、「縄文時代のはじまり」（国立歴史民俗博物館編、『再考！　縄文と弥生』、吉川弘文館、二〇一九年、一五七頁）。
34　春成秀爾、「明石原人から縄文時代の明石」（『明石の狩人』発掘された明石の歴史展実行委員会、二〇〇九年、四五頁）。
35　上野佳也、『縄文コミュニケーション』（海鳴社、一九八六年）。
36　岡村道雄、『日本の歴史01　縄文の生活誌』（講談社、二〇〇八年）。
37　高橋龍三郎、「第4章　縄文中期から後期の社会大変動を考える」（高橋龍三郎編、『科学で読み解く縄文社会』、同成社、二〇二三年、一〇一〜一五三頁）。
38　田中良之、「部族社会としての縄文時代」（『骨が語る古代の家族』、吉川弘文館、二〇一九年、一六六〜一七九頁）。
39　宮本一夫、『中国の歴史1　神話から歴史へ』（講談社、二〇二〇年、一三六〜一四二頁）。五つの居住群とする説もある。稲畑耕一郎監修、劉煒編、趙春青、秦文生著、後藤健訳、『図説　中国文明史　1』（創元社、二〇〇六年、一〇九〜一一三頁）。西江清高、「新石器時代の中国大陸」（松丸道雄他編、『世界歴史体系　中国史

1』、山川出版社、二〇〇三年、三八頁）。岡田秀典、「仰韶文化の集落構造」（『史淵』一二八、一九九一年。九州大学学術情報リポジトリ閲覧）。

40　小澤正人、「農耕社会の定着」（『中国の考古学』、同成社、一九九九年、六八～七十頁）。

41　岡田秀典、「仰韶文化の集落構造」（『史淵』一二八、一九九一年。九州大学学術情報リポジトリ閲覧）。

42　宮本一夫、「第五章　社会の組織化と階層化」（『中国の歴史1　神話から歴史へ』（講談社、二〇二〇年、一四二頁）。

43　藤尾慎一郎、「弥生時代のはじまり」（国立歴史民俗博物館編『再考！　縄文と弥生』吉川弘文館、二〇一九年、一八六頁）。

44　埴原和郎、『日本人の誕生』（吉川弘文館、一九九六年）。

45　「Ⅱ　稲作の始まりと展開」（発掘された明石の歴史展実行委員会、『明石の弥生人』（発掘された明石の歴史展実行委員会、二〇一〇年、一四頁）。

46　片山一道・大藪由美子、「第6章　第2節　新方遺跡の弥生時代人骨」（神戸市教育委員会、『新方遺跡　野手・西方地区発掘調査報告書　1』、神戸市教育委員会文化財課、二〇〇三年、一二三～一四九頁）。

47　「第3章　第1次調査地点の調査」（神戸市教育委員会、『新方遺跡　野手・西方地区発掘調査報告書　1』、神戸市教育委員会文化財課、二〇〇三年、二〇頁）。

48　「第3章　第1次調査地点の調査」（神戸市教育委員会、『新方遺跡　野手・西方地区発掘調査報告書　1』、神戸市教育委員会文化財課、二〇〇三年、一八～十九頁）。

49　南川雅男、「第6章　第3節　新方遺跡出土古人骨の炭素・窒素同位体分析による食性解析」（神戸市教育委員会、『新方遺跡　野手・西方地区発掘調査報告書　1』、神戸市教育委員会文化財課、二〇〇三年、一五四頁）。

50　「第3章　第1次調査地点の調査」（神戸市教育委員会、『新方遺跡　野手・西方地区発掘調査報告書　1』、神戸市教育委員会文化財課、二〇〇三年、二〇頁）。

51　「Ⅱ　稲作の始まりと展開　2玉津田中遺跡」（『明石の弥生人』、発掘された明石の歴史展実行委員会、二〇一〇年、一四頁）。

52　「Ⅲ　高地性集落の出現と終焉」（発掘された明石の歴史展実行委員会、『明石の弥生人』、発掘された明石の歴史展実行委員会、二〇一〇年、二九頁）。

53　「Ⅲ　高地性集落の出現と終焉」（発掘された明石の歴史展実行委員会、『明石の弥生人』、発掘された明石の歴史展実行委員会、二〇一〇年、三〇頁）。「池上口之池遺跡」「表山遺跡」（『神戸の弥生遺跡』、神戸市教育委員会文化財課、二〇一六年、三一・三六頁）。

54　「Ⅱ　稲作の始まりと展開　2玉津田中遺跡」（『明石の弥生人』、発掘された明石の歴史展実行委員会、二〇一〇年、一四頁）。

55　春成秀爾、「明石原人から縄文時代の明石」（『明石の狩人』、発掘された明石の歴史展実行委員会、二〇〇九年、四五頁）。

56　「Ⅱ　稲作の始まりと展開」（『明石の弥生人』、発掘された明石の歴史展実行委員会、二〇一〇年、一四頁）。

❖注

57 「Ⅲ　高地性集落の出現と終焉」（発掘された明石の歴史展実行委員会、『明石の弥生人』、発掘された明石の歴史展実行委員会、二〇一〇年、二七頁）。

58 田中良之、『骨が語る古代の家族』（吉川弘文館、二〇一九年）。

59 田中良之、「縄文時代の親族関係」（『骨が語る古代の家族』、吉川弘文館、二〇一九年、五九～六一頁）。

60 田中良之、「縄文時代の親族関係」（『骨が語る古代の家族』、吉川弘文館、二〇一九年、五九～六一頁）。

61 「第5章　第五次調査地点の調査」（神戸市教育委員会、『新方遺跡　野手・西方地区発掘調査報告書　1』、神戸市教育委員会文化財課、二〇〇三年、九九～一〇二頁）。

62 辻村純代、「東中国地方における箱式石棺の同棺複数埋葬」（『季刊人類学』14－2、京都大学人類学研究会、一九八三年、五二～八三頁）。

63 清家章、「人骨の分析による埋葬原理」（『埋葬から見た古墳時代』、吉川弘文館、二〇一八年、二八～五七頁）。

64 田中良之、「第3章　上ノ原横穴墓群被葬者の親族関係」（『古墳時代親族構造の研究』、柏書房、一九九五年、五三～一〇六頁）。

65 清家章、「人骨の分析による埋葬原理」（『埋葬から見た古墳時代』、吉川弘文館、二〇一八年、二八～五七頁）。

66 ユヴァル・ノア・ハラリ、「認知革命」（柴田裕之訳、『サピエンス全史』、河出書房新社、二〇一六年、一四～一〇一頁）。

67 アラン・S・ミラー、サトシ・カナザワ、「サバンナ原則」（伊藤和子訳、『進化心理学から考えるホモサピエンス』、パンローリング株式会社、二〇一九年、三五～四三頁）。

68　篠田謙一、「第二章　私たちの『隠れた祖先』」（『人類の起源』、中央公論社、二〇二二年、六五頁）。
69　張光直、「第一章　中国青銅時代」（小南一郎・間瀬収芳訳、『中国青銅時代』、平凡社、一九八九年、一八～一八二頁）。
70　クロード・レヴィ＝ストロース、「第8章　縁組と出自」（福井和美訳、『親族の基本構造』青弓社、二〇〇〇年、二〇九頁）。
71　クロード・レヴィ＝ストロース、「第8章　縁組と出自」（福井和美訳、『親族の基本構造』青弓社、二〇〇〇年、二一五頁）。
72　白川静、「祖祭の体系」（『甲骨文の世界』、平凡社、一九七二年、一三〇頁）。
73　越智重明、「春秋時代の兄弟集団」（『史淵』一一二、一九七五、一四三～一六一頁、九州大学学術情報リポジトリ）。
74　白川静、「祖祭の体系」（『甲骨文の世界』、平凡社、一九七二年、一三〇頁）。
75　越智重明、「春秋時代の兄弟集団」（『史淵』一一二、一九七五、一四三～一六一頁、九州大学学術情報リポジトリ）。
76　高群逸枝、「第一章　原始時代」（『日本婚姻史』、至文堂、一九六三年、三一頁）。
77　胡士雲、「第四章　先秦漢語中的親属呼称系統」（『漢語親属称謂研究』、商務印書館、二〇〇七年、二〇〇～二〇一頁）。
78　胡士雲、「試論漢語親属的詞義演変」（『漢語親属称謂研究論集』、神戸学院大学出版会、二〇二一年、二七六頁）。
79　戸籍そのものではない。
80　鈴木直美、「第一章　『里耶秦簡』にみる秦の戸口調査」（『中国古代家族史研究』、刀水書房、二〇一二年、四一～六八頁）。
81　越智重明、「漢時代の家をめぐって」（『史学雑誌』八六、史学会、一九七七年、一～三六頁）。

❖注

82　多田麻希子、「第二章　出土簡牘にみえる「室」・「戸」・「同居」をめぐる諸問題と「家族」（『秦漢時代の家族と国家』、二〇二〇年、六〇頁）。

83　飯尾秀幸、『中国史のなかの家族』（山川出版社、二〇〇八年）。

84　当時の社会と法律の変化については、李貞徳の『中国儒教社会に挑んだ女性たち』（大原良通訳、大修館書店、二〇〇九年）に詳しい。

85　上井久義、「古代の親族名称」（『琉球の宗教と古代の親族　上井久義著作集　第六巻』清文堂出版株式会社、二〇〇五年、二七八～三〇〇頁）。

86　上井久義はさらに男性直系の「チ」は「知」で、傍系は「遅」、女性直系の「ハ」は「波」、傍系は「婆」という字で表されていたとします。

87　上井久義、「琵琶湖沖島の伝承文化」（『民俗学への誘い　上井久義著作集第七巻』、清文堂、二〇〇七年、一八三頁）。また「安威川上流域の伝承文化」（『民俗学への誘い　上井久義著作集第七巻』、清文堂、二〇〇七年、二四三頁）でもイトコメオトと言ってイトコ婚の事例を拾っています。

88　高群逸枝、「第二章　大和時代」（『日本婚姻史』、至文堂、一九六五年、三七頁）。

89　高群逸枝、「第七章　室町安土桃山江戸時代」（『日本婚姻史』、至文堂、一九六五年、二〇九頁）。

90　「第Ⅰ部　原始・古代　第2章　律令国家の形成　3平城京の時代」（笹山晴生、佐藤信、五味文彦、高埜利彦（ほか十二名著、『詳説日本史　改訂版』、山川出版社、二〇二二年、五二頁）。

91 「第Ⅰ部　原始・古代　第3章　貴族政治と国風文化　1摂関政治」（笹山晴生、佐藤信、五味文彦、高埜利彦（ほか十二名著、『詳説日本史　改訂版』、山川出版社、二〇二二年、七〇頁）。
92 大原良通、「西南中国の親族名称」（『千里山文学論集』第四十九号、関西大学大学院、一九九三年、二三～四六頁）。
93 大原良通、「紅河上流域の親族名称」（『千里山文学論集』第五十二号、関西大学大学院、一九九四年、四三～六八頁）。
范宏貴、「9　ヤオ（瑶）族」（厳汝嫻主編、江守五夫監訳『中国少数民族の婚姻と家族　上』、第一書房、一九九六年、一六一～一六三頁）。
94 厳汝嫻主編、江守五夫監訳、百田弥栄子訳『中国少数民族の婚姻と家族　上中下巻』（第一書房、一九九六年）。
95 この物語は八月八日に行われる松明祭り（火把節）の起源伝説となっています。張麗花、高明編訳、「柏潔夫人」（『木霊の精になったアシマ』、富山房インターナショナル、二〇一九年、二五四～二五八頁）。姜祥、「柏潔夫人」（雲南省民間文学集成辨公室編、『白族神話伝説集成』中国民間文芸出版社、一九八六年、一九三～二〇一頁）。
96 大原良通、「南詔国王と鐸鞘」（『古代文化』52巻10号、古代学協会、二〇〇〇年、三三一～三三五頁）。
97 大原良通、「西南中国の親族名称」（『千里山文学論集』第四十九号、関西大学大学院、一九九三年、二三～四六頁）。
98 朱小和供述、芦朝貴、楊笛、真心整理、「天・地・人の形成」（谷徳明編、『中国少数民族神話』、中国民間文学出版社、一九八七年、三一四～三一六頁）。大原良通、「紅河上流域の親族名称」（『千里山文学論集』第五十二号、関西大学大学院、一九九四年、一五八頁）。
99 井上順子、「中国の洪水神話における兄妹婚神話の位置付けと構造分析」（『史学』85号、二〇一五年、五一～七五頁、慶応義塾大学学術情報リポジトリ)。

100 「挎上酒壷找舅舅」(雲南省民間文学集成編輯辨公室編、『雲南彝族歌謡集成』、雲南民族出版社、一九八六年、二二六~二二七頁)。大原良通、「西南中国の親族名称」(『千里山文学論集』第四十九号、関西大学大学院、一九九三年、三八~三九頁)。

101 結城史隆、「ジュンベシ谷の社会変容」(『季刊　民族学』84号、一九九八年春号、千里文化財団、六一頁)。

102 中田薫「我が太古の婚姻法」(『法制史論集　第一巻』岩波書店、第一刷一九二六年、第五刷一九九四年、一〇~一二頁)。また「馬端臨の四裔考に見えたる比較法制史料」(『法制史論集　第一巻』岩波書店、一九二六年、七一四~七一六頁)では、鉄勒や女真族、高句麗の例と共にミャオ族の例も示しています。

103 吉川弘文館、一九八五年。

104 今津勝紀、「戸の源流と戸籍の成立」(『戸籍が語る古代の家族』、吉川弘文館、二〇一九年、二三~二四頁)。

105 今津勝紀、「多様な古代戸籍」(『戸籍が語る古代の家族』、吉川弘文館、二〇一九年、三十三~三十五頁)。

106 今津勝紀、「戸籍から見た婚姻」(『戸籍が語る古代の家族』、吉川弘文館、二〇一九年、九二~一二五頁)。

107 今津勝紀、「戸籍から見た婚姻」(『戸籍が語る古代の家族』、吉川弘文館、二〇一九年、一〇三~一〇四頁。

108 今津勝紀、「戸籍から見た婚姻」(『戸籍が語る古代の家族』、吉川弘文館、二〇一九年、一一二頁)。

109 梅村恵子、「さまざまな正妻の姿」(『家族の古代史』、吉川弘文館、二〇一九年、一八二~一八四頁)。

110 今津勝紀、「古代の恋愛と婚姻」(『戸籍が語る古代の家族』、吉川弘文館、二〇一九年、一二八~一四一頁)。

111 上井久義、「秦氏と鴨氏の連携」(『琉球の宗教と古代の親族　上井久義著作集　第六巻』、清文堂出版株式会社、二〇〇五年、二四〇～二六〇頁)。

112 上井久義、「姻族の伝承と戸籍」(『琉球の宗教と古代の親族　上井久義著作集　第六巻』、清文堂出版株式会社、二〇〇五年、二一八～二三九頁)。

113 山田康弘、「縄文時代の子どもの埋葬」(日本考古学協会編、『日本考古学』一九九七年4巻4号、日本考古学協会、一～三九頁)。

114 井上秀雄他訳注、「後漢書高句麗伝」(『東アジア民族史1』、平凡社、一九七四年、一〇五頁)。

115 井上秀雄他訳注、「三国志高句麗伝」(『東アジア民族史1』、平凡社、一九七四年、一一六～一一七頁)。

116 韓東亀、「第四章　婚礼」(『韓国の冠婚葬祭』、国書刊行会、一九七三年、八四頁)。

117 井上和枝、「朝鮮家族史研究の現状と課題」(歴史科学協議会編、『歴史における家族と共同体』、青木書店、一九九二年、三九四頁)。

118 篠田謙一、「第二章　私たちの『隠れた祖先』」(『人類の起源』、中央公論社、二〇二二年、三六～三八頁)。

119 E・リーチ、「第6章　結婚、嫡出、同盟」(長島信弘訳、『社会人類学案内』、岩波書店、一九九一年、二四〇～二四一頁)。

120 柳田國男、「婚姻の話」(『定本　柳田國男集　第十五巻』、筑摩書房、一九六九年、一二六頁)。

121 武田旦、「結婚」(井ノ口章次・蒲田久子他著、『ふるさとの民俗』、朝日新聞社、一九七五年、一五二～三頁)。

122　「Ⅸ 人の一生　2　婚姻　」(『伊賀町の民俗』、伊賀町文化財委員会、一九七五年、一五七～八頁)。婿が宴席に出席しない事例は多くあり、長野県下水内郡栄村(『埼玉大学文化人類学研究会調査報告書№2　栄村東部谷の民俗』、一九九二年、七〇頁)などの例もあります。柳田國男も「今でも嫁入りの晩に聟が絶對に座敷へ出ず、ふだんの着物を着て臺所で酒の燗をしたり、又は馬鹿々々しいから何處かへ遊びに行つてしまふという土地もある。是などは嫁入りがたゞ入家式、即ち聟の父母の子になり、主婦候補者になる日であつたことを推測せしめるもの」と言っています(「婚姻の話」(『定本　柳田國男集　第十五巻』、筑摩書房、一九六九年、一二九頁)。

123　「Ｖ 人生儀礼　2婚姻」(『武蔵大学日本民俗史演習調査報告Ⅲ　伊豆加増野の生活と伝承』、武蔵大学人文学部日本民俗史演習、一九八〇年、八二～三頁)。

124　上井久義、「琵琶湖沖島の伝承文化」(『民俗学への誘い　上井久義著作集第七巻』、清文堂、二〇〇七年、一八四～一八五頁)。

125　https://www.adire.jp/lega-life-lab/affair-with-homosexuality880/　特定非営利活動法人カラフルブランケッツ理事長井上ひとみ氏の教示によります。

126　国税庁ホームページ「No.4132　相続人の範囲と法定相続分」(https://www.nta.go.jp/taxes/shiraberu/taxanswer/sozoku/4132.htm)。

127　メルビン・C・ゴールドスタイン、「私の夫たち」(『季刊　民族学』48号、一九八九年春号、千里文化財団、五五～六七頁)。

128 西藏社会歴史調査資料叢刊編輯組編、『藏族社会歴史調査（二）』、西藏人民出版社、一九八九年、九六～九八頁。

129 六鹿桂子、「チベット族の村の比較から婚姻を観る」（『日本西藏学会会報　第53号』、二〇〇七年。

130 西藏社会歴史調査資料叢刊編輯組編、（『藏族社会歴史調査（二）』、西藏人民出版社、一九八九年、一五七頁）より澤田真衣製作。

131 西藏社会歴史調査資料叢刊編輯組編、（『藏族社会歴史調査（三）』西藏人民出版社、一九八七年、二一九頁）より澤田真衣製作。

132 西藏社会歴史調査資料叢刊編輯組編、（『藏族社会歴史調査（三）』西藏人民出版社、一九八七年、四〇～四二頁）。

133 大川謙作、「一妻多夫婚研究における文化 vs 経済モデルの再検討：チベット系諸民族における婚姻諸形態とその選択を巡って」（『東洋文化研究所紀要』第150冊、東洋文化研究所、二〇〇七年、二四六～二〇六頁）。

134 遠藤織枝、「4　摩梭の家の構造」（『中国雲南　摩梭族の母系制社会』勉誠社、二〇〇二年、四二～四四頁）。

135 曹恵虹、「第4章　迷宮に生きる人たち」（秋山勝訳、『女たちの王国』草思社、二〇一七年、八四頁）。

136 厳汝嫻・宋兆麟、『永寧納西族的母系制』（雲南民族出版社、一九八三年、一五九頁）。

137 曹恵虹、「第10章　母と娘をつなぐ絆」（秋山勝訳、『女たちの王国』草思社、二〇一七年、二〇七頁）。

138 遠藤織枝、「2　摩梭の歴史と納西族との関係」（『中国雲南　摩梭モソ族の母系社会』、勉誠社、二〇〇二年、一六頁）。

139 遠藤織枝、「5　摩梭の母系社会」（『中国雲南　摩梭モソ族の母系社会』、勉誠社、二〇〇二年、四八頁）。

140 「寧蒗県永寧区八株郷納西族領主経済和母系制調査」（雲南省編輯組、『永寧納西族社会及母系制調査』、雲南人民出版社、一九八六年、一七〇頁）より澤田真衣製作。

141 「付録四　忠実、開坪、温泉、八株、拖支五個郷青年男女按年齢分組的阿注状況統計表」（詹承緒、王承権、李近春、劉龍初『永寧納西族的阿注婚姻和母系家庭』、上海人民出版社、一九八〇年、三一六頁）よりより澤田真衣製作。

142 「第三章　阿注婚姻―初期対偶婚」（詹承緒、王承権、李近春、劉龍初『永寧納西族的阿注婚姻和母系家庭』、上海人民出版社、一九八〇年、五九頁）。

143 遠藤織枝、「走婚の実際」（『中国雲南　摩梭モソ族の母系社会』、勉誠社、二〇〇二年、七四～一〇八頁）。

144 厳汝嫻・宋兆麟、「十　納西族的母系親族制」（『永寧納西族的母系制』、雲南民族出版社、一九八三年、二一一～二二四頁）。

145 熊谷開作、「徴兵令における『家』と国家」（『同志社法学』14巻8号、一九六三年、四二一～四四四頁、同志社大学リポジトリ）。

146 熊谷開作、「徴兵令における『家』と国家」（『同志社法学』14巻8号、一九六三年、四二一～四四四頁、同志社大学リポジトリ）。

147 http://www.colorfulblankets.com/　LBGTQ+ALLYの相互支援を目指すNPO法人。二〇二二年八月二〇日(土)～八月二六日、西宮市男女共同参画センターㇸ、ウェーブで、「私たちだって〝いいふうふ〟になりたい展in西宮2022」を開催、トークイベントは下記のYouTube　https://youtu.be/LQlcwTLQdZU で公開されています。

148 「同性パートナーシップ制度」を設けている自治体は日々増え続けています。　https://www.marriageforall.jp/

marriage-equality/japan/　日本のパートナーシップ制度　二〇二二年10月取得。「渋谷区・認定ＮＰＯ法人虹色ダイバーシティ全国パートナーシップ制度共同調査」https://nijibridge.jp/data/　などを参照してください。

149 阪井裕一郎、「第４章　姓をめぐって格闘する人々」（『〔改訂新版〕事実婚と夫婦別姓の社会学』、白澤社、二〇二二年、一二七～一八四頁）。

150 新村出編、『広辞苑』第四版、（岩波書店、一九九一年）。

151 内閣府ホームページ（https://survey.gov-online.go.jp/r03/r03-kazoku/2-1.html）

152 国税庁ホームページ（https://www.nta.go.jp/taxes/shiraberu/taxanswer/shotoku/1180_qa.htm#q1）

153 国税庁ホームページ（https://www.nta.go.jp/taxes/shiraberu/taxanswer/shotoku/1180_qa.htm#q1）

154 内閣府ホームページ（https://survey.gov-online.go.jp/r03/r03-kazoku/2-1.html）

155 厚生労働省ホームページ（https://www.mhlw.go.jp/content/000863297.pdf）

156 Ｌ・Ｈ・モルガン、「第三篇　第五章　一夫一婦制家族」（青山道夫訳、『古代社会』下巻、一九六一年、三〇一頁）。

あとがき

二〇二〇（令和二）年の前期授業はコロナの影響で、一個月ほど遅れて始まりました。私たち教員は遅らせた一個月ほどのあいだに、新たな授業方法、つまりインターネットによるオンデマンド授業の準備をしなければなりませんでした。新しいソフトウェアの慣れない操作、また、それらを使って授業内容をいかに効果的に伝えるかの模索。操作説明会、講習会や勉強会に参加し、コンピュータ画面での動画、画像の共有、資料の提示方法、さらにそれらの制作などに多くの労力を費やしました。

タブレットを教室の投影機器に繋ぎ、資料や画像を映し出しながら講義をしていましたが、それらを全て作り直すことになりました。学生の雰囲気を読み取りながら、学生の理解度を推し計りながら、画像を送る速さを変えたり、一部を拡大したりしながら授業を進めていましたが、反応のない中で進めていく授業は味気なく、講義内容が学生にしっかり届いているかどうか分からないまま、ただただ講義を進めていくという不安の中で一年が過ぎました。普段の三倍ほどの手間をかけて作り上げた授業の成果を、肌で感じられないという苦行のような一年だったのです。

コロナ禍によるオンデマンド授業も二年目になると、ある程度のノウハウが蓄積されました。そこで、インターネット上に資料を提示し、その理解度を小テストで測るという方法を採りました。つまり、今まで話していた内容を文字に起こし、引用文献を確認し直し、小テストを作成したのです。こうした授業形態の変化の中で、自分のおこなってきた授業の内容を異なる形で、再認識することとなりました。大学における教育とは、研究とはどういうものなのかという問題について、考えさせられる機会ともなりました。

本書は神戸学院大学で開講されている「人類の歴史III」と「アジア・アフリカの社会と文化I」の講義資料を元にして、その授業内容を一般の読者向けに加筆修正したものです。前半部分は「人類の歴史III」を、後半の「中国雲南省における家族のかたち」、「一妻多夫婚と母系制」などは「アジア・アフリカの社会と文化I」の講義内容を中心にしています。さらに、私自身の家族を例にとることによって、できるだけ問題を身近に感じてもらえるように組み直しました。

本書をほぼ書き上げた頃、数十年ぶりに大学の同級生たちと会う機会がありました。入学四十年記念です。人生も折り返しとなり、定年間近の人もいます。離婚、再婚を経験している人もいますが、その中で、卒婚という言葉を聞きました。お互い嫌いになったわけでもなく、別にパートナーができたわけでもないけれども別々に住んでいるというのです。家計はすべて妻が管理し、毎月一定額のお金が夫の口座に振り込まれるのだそうです。家計は共にしているけれども、住まいは異にしているという、私にとっては新たな知見でした。私たち

❖あとがき

はまだまだ新しい家族のかたちを模索しているのです。

最後になりましたが、「過去帳」の写真、「中国雲南省における家族のかたち」のミャオ族の家の写真と「古代日本の家族のかたち」の「夫婦別籍者の子供の人口構成」表以外の表や図は、すべてゼミ生の澤田真衣さんが資料を参照しながら新たに作成したり、作り直してくれたりしました。「人類の歴史III」の単位を出したいところですが、すでに履修済みということで、その労に対して心より感謝するしかありません。

早木仁成先生には、図版のために貴重な模型をお貸しいただきました。また、いくつかアドバイスをいただいたのですが、時間がなくその全てを反映することができなかったのは申し訳なく思います。

茶飲み友達の歌人北夙川不可止氏から非営利活動法人カラフルブランケッツ理事長の井上ひとみ氏を紹介していただき、急なお願いにも関わらず、快く質問に答えてくださいました。また、自分の研究に関することで姉夫婦に質問に答えてもらうことになるとは考えてもみませんでした。多彩な家族のかたちが身近にあることを再認識しました。社会の変化は、気がつかない間に、自然に、静かに、流れていることに気づかされます。協力してくださった皆さんにも感謝いたします。

いつもながら、妻は細かな言い回しまで確認してくれています。授業の資料の切り貼りから始まっただけに、文章が統一されておらず、とうとう眼科医に疲れ目を指摘され、メガネの新調を余儀なくされました。ありがたく思っています。

神戸学院大学出版会アドバイザーの奥間祥行氏は、根気強く原稿と向き合ってくださいました。そして、なによりも神戸学院大学出版補助制度や出版会に関わるすべての皆様のおかげで、本書が出版できましたことに末尾ながら感謝いたします。

二〇二三年一月

大原　良通

【著者紹介】大原良通（おおはら　よしみち）

神戸学院大学人文学部教授　博士（文学）

1965年　兵庫県生まれ。
華東師範大学、上海復旦大学へ留学
関西大学大学院文学研究科史学専攻東洋史専修博士課程後期課程学位取得修了

【著書】
『王権の確立と授受』（汲古書院、2003年）
【翻訳書】
李貞徳著『中国儒教社会に挑んだ女性たち』（大修館書店、2009年）

家族のかたち――その歴史と機能――

発行日　2023年3月15日
著　者　大原　良通©
装　丁　二宮　光©
発行人　中村　恵
発　行　神戸学院大学出版会

印刷所　モリモト印刷株式会社

発　売　株式会社エピック
651-0093　神戸市中央区二宮町1－3－2
電話 078 (241) 7561　FAX 078 (241) 1918
https://epic.jp　E-mail: info@epic.jp

ISBN 978-4-89985--225-4 C3039